머리말

아직도 1994년 1월 그날의 기억이 생생합니다. 중국어를 배우겠다고 처음 중국어학원의 문을 두드렸던 날인데요. 당시 외국어라면 중·고등학교를 다니면서 배웠던 영어가 전부였던 건 비단 저뿐만이 아니었을 겁니다. 기대 반 걱정 반으로 처음 참여한 중국어 수업은 무척 새로웠고, 흥미로웠습니다. 흔히 공부라고 하면 책상에 앉아 책을 펴놓고, 펜으로 밑줄을 그어가며 집중하는 모습을 떠올리게 됩니다. 그러나 선생님께서 무려 구천 원이나 주고 산 교재를 과감히 덮어두라고 하시더니, 그저 선생님의 중국어를 큰 소리로 따라 하라고 하셨습니다. 그러고는 당시 워크맨 혹은 마이마이로 불리던 소형 녹음기에 수업 내용을 녹음해 듣는 것을 숙제로 내주셨는데, 이것만큼은 학생들이 귀찮게 느낄 정도로 꼼꼼하게 챙기셨습니다. 이렇게 매일 45분 동안 어미 오리 뒤를 졸졸 따라다니는 새끼 오리처럼 중국어를 따라 했습니다. 결과는 충격이었습니다. 4개월간의 '중국어 따라 하기'를 마치고 중국에 갔는데, 어설픈 중국어를 나도 모르게 입 밖으로 내뱉게 되었고, 또 그것을 알아듣는 중국인이 있었거든요. 그 후의 이야기는 말씀드리지 않아도 되겠지요? 이 책은 바로 이러한 '중국어 학습 성공기'를 바탕으로 만들어졌습니다. 많은 분들이 이 책을 통해 중국어로 입이 트이는 기적을 경험할 수 있기를 바랍니다. 끝으로 이 책이 나오기까지 많은 도움을 주신 분들께 감사를 표합니다.

홍상욱 올림

목차

DAY 1 어디 가세요? 06

DAY 2 어느 게 맛있어요? 14

DAY 3 매일 이 프로그램을 듣나요? 22

DAY 4 몇 근을 사나요? 30

DAY 5 주간 연습 및 복습 38

DAY 6 당신은 어느 나라 사람입니까? 46

DAY 7 가짜가 아니라 진짜입니다 54

DAY 8 돈 있나요? 62

DAY 9 당신은 어디 있나요? 70

DAY 10 주간 연습 및 복습 78

DAY 11 비싼 게 좋아요? 86

DAY 12 오늘은 어제보다 춥다 94

DAY 13 언제 귀국해요? 102

DAY 14 다 먹었어요? 110

DAY 15 주간 연습 및 복습 118

DAY 16 뭐하고 싶어요? 126

DAY 17 제 아이는 아직 말을 못해요 134

DAY 18 우리 집에 가서 밥 먹어요 142

DAY 19 살펴 가세요 150

DAY 20 주간 연습 및 복습 158

DAY 1

어디 가세요?

▼▼▼▼
학습목표

두 개 이상의 동작을 나타내는 단어를 활용한 다양한 표현을 배웁니다.

STEP 01 단어 큰 소리로 단어를 읽어 봅시다

- 어디 nǎr
- 무엇을 하니 gàn shénme
- 백화점 bǎihuòshāngdiàn
- ~않았다 méi
- 일하다 gōngzuò
- 사업하다·장사하다 zuò shēngyi
- 함께 yìqǐ
- 놀다 wánr
- 어떻게 zěnme
- 공항 jīchǎng

- (교통수단을) 타다 zuò
- 버스 dàbā
- 슈퍼마켓 chāoshì
- 자전거를 타다 qí zìxíngchē
- 비행기 fēijī
- 기차 huǒchē
- 회사 gōngsī
- 택시 chūzūchē
- 길을 걷다 zǒu lù

STEP 02 문장 큰 소리로 문장을 읽어 봅시다

- 어디 가세요?
- 나는 밥 먹으러 가요.

- 중국에 와서 무엇을 하나요?
- 나는 중국어를 배우러 중국에 왔어요.

- 백화점에 가서 무엇을 사요?
- 나는 거기 가서 무엇도 사지 않았어요.

▷ Nǐ qù nǎr?
▷ Wǒ qù chīfàn.

▷ Nǐ lái Zhōngguó gàn shénme?
▷ Wǒ lái Zhōngguó xué Hànyǔ.

▷ Nǐ qù bǎihuòshāngdiàn mǎi shénme?
▷ Wǒ qù nàr méi mǎi shénme.

① 你去哪儿?   ② 我去吃饭。   ③ 你来中国干什么?
④ 我来中国学汉语。   ⑤ 你去百货商店买什么?   ⑥ 我去那儿没买什么。

STEP 03 문장 큰 소리로 문장을 읽어 봅시다

- 상하이에 일하러 왔나요?
- 네, 상하이에 사업하러 왔어요.

- 우리 함께 영화 보러 갈까요?
- 저는 영화 보는 것을 좋아하지 않아요.

- 너희 우리 집에 와서 놀래?
- 좋아, 우리 몇 시에 가면 좋을까?

▷ Nǐ lái Shànghǎi gōngzuò ma?
▷ Duì, wǒ lái Shànghǎi zuò shēngyi.

▷ Wǒmen yìqǐ qù kàn diànyǐng, hǎo ma?
▷ Wǒ bù xǐhuan kàn diànyǐng.

▷ Nǐmen lái wǒ jiā wánr ba!
▷ Hǎo, wǒmen jǐ diǎn qù hǎo?

① 你来上海工作吗? ② 对, 我来上海做生意。 ③ 我们一起去看电影, 好吗?
④ 我不喜欢看电影。 ⑤ 你们来我家玩儿吧! ⑥ 好, 我们几点去好?

STEP 04 문장 큰 소리로 문장을 읽어 봅시다

- 공항에 어떻게 가요?
- 공항버스를 타고 공항에 가요.

- 언니는 슈퍼마켓에 어떻게 가요?
- 언니는 자전거를 타고 슈퍼마켓에 가요.

- 오빠는 베이징에 어떻게 가요?
- 오빠는 비행기를 타고 베이징에 가요.

▷ Nǐ zěnme qù jīchǎng?
▷ Wǒ zuò jīchǎngdàbā qù jīchǎng.

▷ Jiějie zěnme qù chāoshì?
▷ Jiějie qí zìxíngchē qù chāoshì.

▷ Gēge zěnme qù Běijīng?
▷ Gēge zuò fēijī qù Běijīng.

① 你怎么去机场? ② 我坐机场大巴去机场。 ③ 姐姐怎么去超市?
④ 姐姐骑自行车去超市。 ⑤ 哥哥怎么去北京? ⑥ 哥哥坐飞机去北京。

STEP 05

문장 큰 소리로 문장을 읽어 봅시다

- 그는 상하이에 어떻게 와요?
- 그는 기차를 타고 상하이에 와요.

- 그녀는 회사로 어떻게 와요?
- 그녀는 택시 타고 회사를 와요.

- 남동생은 학교로 어떻게 와요?
- 남동생은 걸어서 학교로 와요.

▷ Tā zěnme lái Shànghǎi?
▷ Tā zuò huǒchē lái Shànghǎi.

▷ Tā zěnme lái gōngsī?
▷ Tā zuò chūzūchē lái gōngsī.

▷ Dìdi zěnme lái xuéxiào?
▷ Dìdi zǒu lù lái xuéxiào.

① 他怎么来上海? ② 他坐火车来上海。 ③ 她怎么来公司?
④ 她坐出租车来公司。 ⑤ 弟弟怎么来学校? ⑥ 弟弟走路来学校。

STEP 06

발음 어려운 발음을 차근차근 연습해 봅시다

TIP 1

1성+1성

높음
낮음

1성이 연달아 나올 때 자주 틀리는 부분은 뒷글자의 성조를 1성으로 하지 않고 경성처럼 발음하는 것입니다. 두 글자 모두 똑같은 음으로 높고 길게 발음해 봅시다.

冰箱 bīngxiāng 냉장고   今天 jīntiān 오늘

咖啡 kāfēi 커피   星期 xīngqī 주

公司 gōngsī 회사   飞机 fēijī 비행기

DAY 2

어느 게 맛있어요?

▼▼▼▼
학습목표
───────────────

'먹다', '마시다'와 같은 동작을 나타내는 단어를 활용한 다양한 표현을 배웁니다.

STEP 01 단어 큰 소리로 단어를 읽어 봅시다

- 모두·다 dōu
- 할 수 있다 kěyǐ
- 샤브샤브 huǒguō
- 그다지~않다 bú tài
- 광둥요리 guǎngdōngcài
- 지금·현재 xiànzài
- 커피숍 kāfēitīng
- 녹차 lǜchá
- 홍차 hóngchá
- 보이차 pǔ'ěrchá

- 그런대로 괜찮다 hái kěyǐ
- 맘대로·편한 대로 suíbiàn
- ~라고 보다 kàn
- 콜라 kělè
- 딸기 주스 cǎoméizhī

STEP 02 문장 큰 소리로 문장을 읽어 봅시다

○ 우리 오늘 무엇을 먹을까요?

○ 나는 아무거나 다 먹어요.

○ 샤브샤브 좋아해요?

○ 샤브샤브를 그다지 좋아하지 않아요.

○ 광둥요리 어때요?

○ 좋아요, 광둥요리 먹죠.

▷ Wǒmen jīntiān chī shénme?

▷ Wǒ shénme dōu kěyǐ chī.

▷ Nǐ xǐhuan chī huǒguō ma?

▷ Wǒ bú tài xǐhuan chī huǒguō.

▷ Guǎngdōngcài zěnmeyàng?

▷ Hǎo, chī guǎngdōngcài ba.

① 我们今天吃什么?
② 我什么都可以吃。
③ 你喜欢吃火锅吗?
④ 我不太喜欢吃火锅。
⑤ 广东菜怎么样?
⑥ 好, 吃广东菜吧。

STEP 03 문장 큰 소리로 문장을 읽어 봅시다

- 우리 지금 무엇을 마실까요?
- 우리 지금 커피숍에 가서 커피 마셔요.

- 녹차 좋아하세요?
- 홍차를 좋아합니다.

- 보이차 맛있어요?
- 그런대로 괜찮아요.

▷ Wǒmen xiànzài hē shénme?
▷ Wǒmen xiànzài qù kāfēitīng hē kāfēi ba.

▷ Nǐ xǐhuan hē lǜchá ma?
▷ Wǒ xǐhuan hē hóngchá.

▷ Pǔ'ěrchá hǎohē ma?
▷ Hái kěyǐ ba.

① 我们现在喝什么？　② 我们现在去咖啡厅喝咖啡吧。　③ 你喜欢喝绿茶吗？
④ 我喜欢喝红茶。　⑤ 普洱茶好喝吗？　⑥ 还可以吧。

STEP 04 문장 큰 소리로 문장을 읽어 봅시다

○ 무엇이 먹고 싶어요?

○ 아무거나, 무엇이든 괜찮아요.

○ 이건 어떻게 먹어요?

○ 제가 어떻게 먹나 보세요.

○ 어떤 게 맛있어요?

○ 이게 맛있어 보이네요.

▷ Nǐ xiǎng chī shénme?

▷ Suíbiàn, chī shénme dōu kěyǐ.

▷ Zhège zěnme chī?

▷ Nǐ kànkan wǒ zěnme chī.

▷ Nǎge hǎochī?

▷ Wǒ kàn zhège hǎochī.

① 你想吃什么?   ② 随便, 吃什么都可以。   ③ 这个怎么吃?
④ 你看看我怎么吃。   ⑤ 哪个好吃?   ⑥ 我看这个好吃。

STEP 05

문장 큰 소리로 문장을 읽어 봅시다

○ 여러분은 무엇을 마실 건가요?
○ 무엇이라도 괜찮아요.

○ 콜라를 마시지 않아요?
○ 저는 콜라를 싫어합니다.

○ 어떤 게 맛있어요?
○ 딸기 주스가 맛있어요.

▷ Nǐmen yào hē shénme?
▷ Hē shénme dōu kěyǐ.

▷ Nǐ bù hē kělè ma?
▷ Wǒ bù xǐhuan hē kělè.

▷ Năge hǎohē?
▷ Cǎoméizhī hěn hǎohē.

① 你们要喝什么?   ② 喝什么都可以。   ③ 你不喝可乐吗?
④ 我不喜欢喝可乐。 ⑤ 哪个好喝?   ⑥ 草莓汁很好喝。

STEP 06

발음 어려운 발음을 차근차근 연습해 봅시다

TIP 1

1성+2성

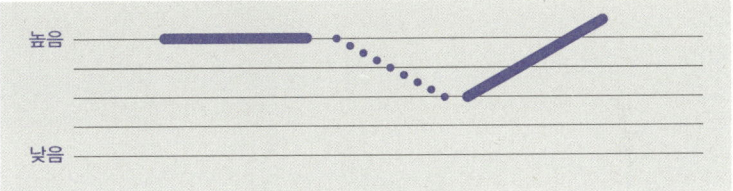

1성 뒤에 2성이 올 때 2성의 발음 끝소리를 1성의 높이보다 더 높여서 발음합니다. 2성의 음을 높이지 않거나, 중간에 끊어서 발음하지 않도록 주의해야 합니다.

예시

公园 gōngyuán 공원   中国 Zhōngguó 중국

加油 jiāyóu 파이팅   非常 fēicháng 매우, 무척

今年 jīnnián 금년   当然 dāngrán 당연하다

DAY 3

매일 이 프로그램을 듣나요?

▼▼▼▼
학습목표

'보다', '듣다'와 같은 동작을 나타내는 단어를 활용한 다양한 표현을 배웁니다.

STEP 01 단어 큰 소리로 단어를 읽어 봅시다

- 영화 diànyǐng
- 책 shū
- ~할 수 있다 néng
- 신문 bào(zhǐ)
- 대중가요 liúxínggēqǔ
- 프로그램 jiémù
- 차·회 cì
- 시간 xiǎoshí
- 매일 měitiān
- 만화 mànhuà

- 듣기 좋다 hǎotīng
- 민요 míngē
- 당연히 dāngrán
- ~라고 생각하다 juéde

STEP 02

문장 큰 소리로 문장을 읽어 봅시다

○ 그들은 모두 무엇을 보나요?
○ 그들은 모두 중국영화를 봅니다.

▷ Tāmen dōu kàn shénme?
▷ Tāmen dōu kàn zhōngguódiànyǐng.

○ 책 보는 걸 좋아하나요?
○ 저는 책 보는 걸 그다지 좋아하지 않아요.

▷ Nǐ xǐhuan kàn shū ma?
▷ Wǒ bú tài xǐhuan kàn shū.

○ 그녀는 중국신문을 볼 수 있나요?
○ 그녀는 중국신문을 보질 못해요.

▷ Tā néng kàn zhōngguóbào ma?
▷ Tā bù néng kàn zhōngguóbào.

① 他们都看什么? ② 他们都看中国电影。 ③ 你喜欢看书吗?
④ 我不太喜欢看书。 ⑤ 她能看中国报吗? ⑥ 她不能看中国报。

STEP 03 문장 큰 소리로 문장을 읽어 봅시다

- 여러분 모두 무엇을 듣나요?
- 우리 모두 대중가요를 들어요.

▷ Nǐmen dōu tīng shénme?
▷ Wǒmen dōu tīng liúxínggēqǔ.

- 매일 이 프로그램을 듣나요?
- 일주일에 세 번이요.

▷ Nǐ měitiān tīng zhège jiémù ma?
▷ Yí ge xīngqī sān cì.

- 매일 몇 시간을 들어요?
- 매일 한 시간을 들어요.

▷ Měitiān tīng jǐ ge xiǎoshí?
▷ Měitiān tīng yí ge xiǎoshí.

① 你们都听什么?
② 我们都听流行歌曲。
③ 你每天听这个节目吗?
④ 一个星期三次。
⑤ 每天听几个小时?
⑥ 每天听一个小时。

STEP 04 문장 큰 소리로 문장을 읽어 봅시다

- 당신이 보기에는 어때요?
- 제가 보기에는 좋아요.

- 매일 몇 시간을 보나요?
- 매일 한 시간 반을 봅니다.

- 그는 일본만화 보는 걸 좋아해요?
- 그는 일본만화 보는 걸 좋아하지 않아요.

▷ Nǐ kàn zěnmeyàng?
▷ Wǒ kàn hěn hǎo.

▷ Měitiān kàn jǐ ge xiǎoshí?
▷ Měitiān kàn yí ge bàn xiǎoshí.

▷ Tā xǐhuan kàn rìběnmànhuà ma?
▷ Tā bù xǐhuan kàn rìběnmànhuà.

① 你看怎么样? ② 我看很好。 ③ 每天看几个小时?
④ 每天看一个半小时。 ⑤ 他喜欢看日本漫画吗? ⑥ 他不喜欢看日本漫画。

STEP 05

문장 큰 소리로 문장을 읽어 봅시다

○ 당신이 들은 노래 듣기 좋아요?

○ 제가 들은 노래는 매우 듣기 좋아요.

○ 그는 중국민요 듣기를 좋아해요?

○ 당연히 좋아하죠.

○ 이게 듣기 좋은데요, 당신은요?

○ 그런대로 괜찮아요.

▷ Nǐ tīng de gē hǎotīng ma?

▷ Wǒ tīng de gē tài hǎotīng le.

▷ Tā xǐhuan tīng zhōngguómíngē ma?

▷ Dāngrán xǐhuan tīng.

▷ Wǒ juéde zhège hěn hǎotīng, nǐ ne?

▷ Hái kěyǐ.

① 你听的歌好听吗? ② 我听的歌太好听了。 ③ 他喜欢听中国民歌吗?
④ 当然喜欢听。 ⑤ 我觉得这个很好听, 你呢? ⑥ 还可以。

STEP 06

발음 어려운 발음을 차근차근 연습해 봅시다

TIP 1

1성+3성

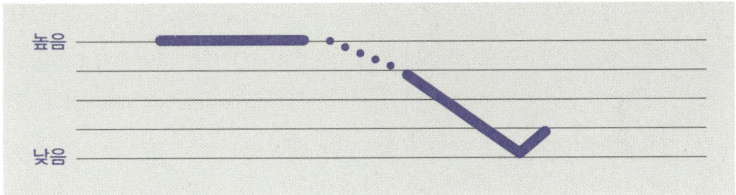

1성 뒤에 3성이 올 때는 음을 떨어뜨리는 느낌으로 발음하는 것이 특징입니다.

铅笔 qiānbǐ 연필

青岛 Qīngdǎo 칭다오

身体 shēntǐ 신체, 건강

英语 Yīngyǔ 영어

辛苦 xīnkǔ 수고하다, 고생하다

开始 kāishǐ 시작하다

DAY 4

몇 근을 사나요?

▼ ▼ ▼ ▼
학습목표

'사다', '말하다'와 같은 동작을 나타내는 단어를 활용한 다양한 표현을 배웁니다.

STEP 01 단어 큰 소리로 단어를 읽어 봅시다

- 누구 shéi
- 더 gèng
- 가장·최고 zuì
- 근 jīn
- 얼마예요 duōshao qián
- 한 마디 yí jù huà
- ~에게 gěi
- 몇 jǐ
- 와·과 gēn
- ~하지 마라 bié

STEP 02 문장 큰 소리로 문장을 읽어 봅시다

- 오늘 무엇을 샀나요?
- 나는 오늘 무엇도 사지 않았어요.

- 누가 산 게 가장 좋아요?
- 아빠가 산 게 가장 좋아요.

- 몇 근을 사나요?
- 한 근에 얼마에요?

▷ Nǐ jīntiān mǎi shénme le?
▷ Wǒ jīntiān méi mǎi shénme.

▷ Shéi mǎi de zuì hǎo?
▷ Bàba mǎi de zuì hǎo.

▷ Nǐ mǎi jǐ jīn?
▷ Duōshao qián yì jīn?

① 你今天买什么了?   ② 我今天没买什么。   ③ 谁买的最好?
④ 爸爸买的最好。   ⑤ 你买几斤?   ⑥ 多少钱一斤?

STEP 03

문장 큰 소리로 문장을 읽어 봅시다

- 나는 말하지 않아요.
- 왜 말하지 않아요?

▷ Wǒ bù shuō.
▷ Nǐ wèishénme bù shuō?

- 그는 뭐라고 말해요?
- 그는 아무것도 말하지 않았어요.

▷ Tā shuō shénme?
▷ Tā shénme yě méi shuō.

- 뭐라고 말했어요?
- 나는 한 마디도 말하지 않았어요.

▷ Nǐ shuō shénme le?
▷ Wǒ yí jù huà yě méi shuō.

① 我不说。　　② 你为什么不说?　　③ 他说什么?
④ 他什么也没说。　　⑤ 你说什么了?　　⑥ 我一句话也没说。

STEP 04 문장 큰 소리로 문장을 읽어 봅시다

- 당신이 저에게 사 주나요?
- 제가 당신에게 사 줄게요.

- 저에게 몇 개를 사 주나요?
- 10개 사 줄게요.

- 이것은 우리에게 사 주는 것인가요?
- 당신들에게 사 주는 게 아닙니다.

▷ Nǐ gěi wǒ mǎi ma?
▷ Wǒ gěi nǐ mǎi.

▷ Gěi wǒ mǎi jǐ ge?
▷ Gěi nǐ mǎi shí ge.

▷ Zhè shì gěi wǒmen mǎi de ma?
▷ Bú shì gěi nǐmen mǎi de.

① 你给我买吗? ② 我给你买。 ③ 给我买几个?
④ 给你买十个。 ⑤ 这是给我们买的吗? ⑥ 不是给你们买的。

STEP 05 문장 큰 소리로 문장을 읽어 봅시다

- 저에게 말해 보세요.
- 제가 당신에게 무엇을 말하죠?

- 이것이 누구의 것인지 제게 얘기 해줄래요?
- 제가 말씀드리는데 이것은 그녀의 것입니다.

- 그가 뭐라고 하나요?
- 그가 하는 말은 듣지 마세요.

▷ Nǐ gēn wǒ shuō ba.
▷ Wǒ gēn nǐ shuō shénme?

▷ Nǐ gēn wǒ shuō zhè shì shéi de?
▷ Wǒ gēn nǐ shuō zhè shì tā de.

▷ Tā shuō shénme?
▷ Nǐ bié tīng tā shuō de.

① 你跟我说吧。　② 我跟你说什么？　③ 你跟我说这是谁的？
④ 我跟你说这是她的。　⑤ 他说什么？　⑥ 你别听他说的。

STEP 06

발음 어려운 발음을 차근차근 연습해 봅시다

> TIP 1
> 1성+4성

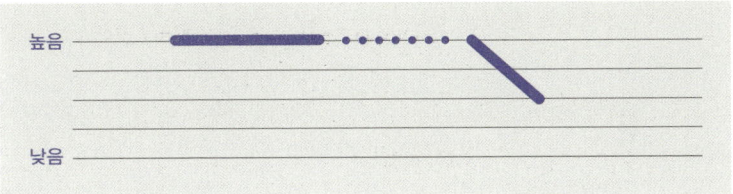

1성 뒤의 4성을 발음하는 것이 어려울 때는 이렇게 한번 해 보세요. 1성이 장음이라면 4성은 단음으로, 뚝뚝 끊어지듯 발음해야 합니다.

 예시

高兴 gāoxìng 기쁘다

工作 gōngzuò 일하다

商店 shāngdiàn 가게, 상점

音乐 yīnyuè 음악

天气 tiānqì 날씨

鸡蛋 jīdàn 달걀

주간 연습 및 복습

▼▼▼▼
학습목표

그동안 배웠던 표현을 활용하여 다양한 문장을 만들어 봅니다.

STEP 01 단어 큰 소리로 단어를 읽어 봅시다

- 출장 chūchāi
- 기차역 huǒchēzhàn
- 지하철 dìtiě
- 어느 것 nǎge
- 맛있다 hǎochī
- (요리)하다 zuò
- 쓰촨요리 sìchuāncài
- 맵다 là
- 병 píng
- 연극 huàjù

- 얼마 duōshao
- 대략 dàgài
- 아무것도 아니다 méishénme
- 한담하다·잡담하다 liáotiān

STEP 02

문장 큰 소리로 문장을 읽어 봅시다

- 베이징에 가서 뭐해요?
- 베이징으로 출장가요.

- 우리 어떻게 기차역으로 가요?
- 우리 지하철 타고 갑시다.

- 그들은 어떻게 한국으로 와요?
- 그들은 비행기를 타고 한국으로 와요.

▷ Nǐ qù Běijīng gàn shénme?
▷ Wǒ qù Běijīng chūchāi.

▷ Wǒmen zěnme qù huǒchēzhàn?
▷ Wǒmen zuò dìtiě qù ba.

▷ Tāmen zěnme lái Hánguó?
▷ Tāmen zuò fēijī lái Hánguó.

① 你去北京干什么? ② 我去北京出差。 ③ 我们怎么去火车站?
④ 我们坐地铁去吧。 ⑤ 他们怎么来韩国? ⑥ 他们坐飞机来韩国。

STEP 03

문장 큰 소리로 문장을 읽어 봅시다

- 어느 게 더 맛있어요?
- 엄마가 만든 게 더 맛있어요.

- 쓰촨요리는 매워요, 안 매워요?
- 쓰촨요리는 매워요.

- 몇 병 마시려고요?
- 한 병 마시려고요.

▷ Năge gèng hǎochī?
▷ Māma zuò de gèng hǎochī.

▷ Sìchuāncài là bu là?
▷ Sìchuāncài hěn là.

▷ Nǐ yào hē jǐ píng?
▷ Wǒ yào hē yì píng.

① 哪个更好吃?   ② 妈妈做的更好吃。   ③ 四川菜辣不辣?
④ 四川菜很辣。 ⑤ 你要喝几瓶?   ⑥ 我要喝一瓶。

STEP 04

문장 큰 소리로 문장을 읽어 봅시다

- 당신들은 무엇을 보나요?
- 저는 친구와 함께 연극을 봐요.

- 이게 좋다고 생각해요?
- 이건 좋지 않다고 생각해요.

- 당신은 매일 이것을 듣나요?
- 저는 매일 이것을 듣고 중국어를 공부해요.

▷ Nǐmen kàn shénme ne?
▷ Wǒ gēn péngyou yìqǐ kàn huàjù.

▷ Nǐ kàn zhège hǎo ma?
▷ Wǒ kàn zhège hěn bù hǎo。

▷ Nǐ měitiān tīng zhège ma?
▷ Wǒ měitiān tīng zhège xué Hànyǔ.

① 你们看什么呢? ② 我跟朋友一起看话剧。 ③ 你看这个好吗?
④ 我看这个很不好。 ⑤ 你每天听这个吗? ⑥ 我每天听这个学汉语。

STEP 05 문장 큰 소리로 문장을 읽어 봅시다

- 몇 근을 사나요?
- 대략 스무 근 정도 사려고요.

- 그것은 누가 산 것이에요?
- 그것은 아빠가 제게 사 준 것이에요.

- 그에게 뭐라고 했어요?
- 아무 것도 아니에요, 그냥 이야기 했어요.

▷ Nǐ mǎi duōshao jīn?
▷ Wǒ dàgài mǎi èrshí jīn.

▷ Nà shì shéi mǎi de?
▷ Nà shì bàba gěi wǒ mǎi de.

▷ Nǐ gēn tā shuō shénme le?
▷ Méishénme, wǒ gēn tā liáotiān.

① 你买多少斤?
② 我大概买二十斤。
③ 那是谁买的?
④ 那是爸爸给我买的。
⑤ 你跟他说什么了?
⑥ 没什么, 我跟他聊天。

STEP 06

발음 어려운 발음을 차근차근 연습해 봅시다

TIP 1

1성+경성

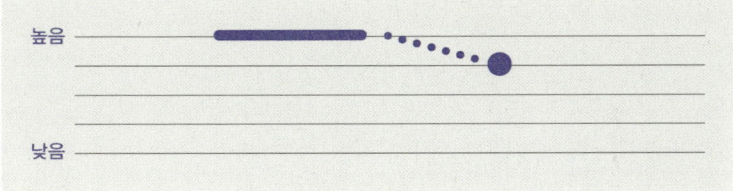

1성은 높고 길게 발음해야 합니다. 1성 뒤에 경성이 올 때 경성은 1성과 비슷하게 발음하지만, 음의 높이를 살짝 낮추고 가볍게 발음해야 합니다.

东西 dōngxi 물건　　衣服 yīfu 옷

哥哥 gēge 오빠, 형　　他们 tāmen 그들

妈妈 māma 엄마　　桌子 zhuōzi 탁자

DAY 5 주간 연습 및 복습

DAY 6

당신은 어느 나라 사람입니까?

▼▼▼▼
학습목표
───────────

'또는, 아니면'과 같은 선택을 나타내는 단어와 '입니다'를 활용한 다양한 표현을 배웁니다.

STEP 01 단어 큰 소리로 단어를 읽어 봅시다

- 어느 nǎ
- ~도 yě
- 일본인 Rìběn rén
- 친구 péngyou
- 직장 동료 tóngshì
- 학생 xuésheng
- 뜨겁다 rè
- 또는·아니면 háishi
- 차갑다 liáng
- 컵·잔 bēi
- 중간 매운맛 zhōng là

STEP 02 문장 큰 소리로 문장을 읽어 봅시다

○ 당신은 어느 나라 사람입니까?
○ 저는 한국인입니다.

▷ Nǐ shì nǎ guó rén?
▷ Wǒ shì Hánguó rén.

○ 그는 중국인입니까, 아닙니까?
○ 그는 중국인이 아니라 한국인입니다.

▷ Tā shì bu shì Zhōngguó rén?
▷ Tā bú shì Zhōngguó rén, shì Hánguó rén.

○ 당신 아버지는 한국인입니까?
○ 우리 아버지는 일본인이고 우리 어머니는 중국인입니다.

▷ Nǐ bàba shì Hánguó rén ma?
▷ Wǒ bàbà shì Rìběn rén, wǒ māma shì Zhōngguó rén.

① 你是哪国人? ② 我是韩国人。 ③ 他是不是中国人?
④ 他不是中国人, 是韩国人。 ⑤ 你爸爸是韩国人吗?
⑥ 我爸爸是日本人, 我妈妈是中国人。

STEP 03 문장 큰 소리로 문장을 읽어 봅시다

- 당신은 누구입니까?
- 나는 그녀의 친구입니다.

- 그는 누구입니까?
- 그는 나의 직장 동료입니다.

- 그들은 어떤 사람입니까?
- 그들의 나의 학생입니다.

▷ Nǐ shì sheí?
▷ Wǒ shì tā de péngyou.

▷ Tā shì sheí?
▷ Tā shì wǒ de tóngshì.

▷ Tāmen shì shénme rén?
▷ Tāmen shì wǒ de xuésheng.

① 你是谁?   ② 我是她的朋友。   ③ 他是谁?
④ 他是我的同事。   ⑤ 他们是什么人?   ⑥ 他们是我的学生。

STEP 04 문장 큰 소리로 문장을 읽어 봅시다

○ 뜨거운 것을 원하세요, 차가운 것을 원하세요?

○ 저는 차가운 것을 원합니다.

○ 우리는 베이징에 가나요 아니면 상하이에 가나요?

○ 나는 상하이에 가고 싶어요.

○ 이것이 좋아요 아니면 저것이 좋아요?

○ 이것이 더 좋다고 생각해요.

▷ Nǐ yào rè de háishi liáng de?

▷ Wǒ yào liáng de.

▷ Wǒmen qù Běijīng háishi Shànghǎi?

▷ Wǒ xiǎng qù Shànghǎi.

▷ Zhège hǎo háishi nàge hǎo?

▷ Wǒ kàn zhège gèng hǎo.

① 你要热的还是凉的?   ② 我要凉的。   ③ 我们去北京还是上海?
④ 我想去上海。   ⑤ 这个好还是那个好?   ⑥ 我看这个更好。

STEP 05

문장 큰 소리로 문장을 읽어 봅시다

○ 큰 게 좋아요 아니면 작은 게 좋아요?

○ 작은 게 더 좋아요.

○ 큰 잔을 원해요 아니면 작은 잔을 원해요?

○ 나는 작은 잔을 원해요.

○ 매운 걸 원해요 아니면 맵지 않은 걸 원해요?

○ 중간 매운맛 가능한가요?

▷ Dà de hǎo háishi xiǎo de hǎo?

▷ Xiǎo de gèng hǎo.

▷ Nǐ yào dà bēi de háishi xiǎo bēi de?

▷ Wǒ yào xiǎo bēi de.

▷ Nǐ yào là de háishi bú là de?

▷ Zhōng là de, kěyǐ ma?

① 大的好还是小的好? ② 小的更好。 ③ 你要大杯的还是小杯的?
④ 我要小杯的。 ⑤ 你要辣的还是不辣的? ⑥ 中辣的, 可以吗?

STEP 06

발음 어려운 발음을 차근차근 연습해 봅시다

2성+1성   TIP 1

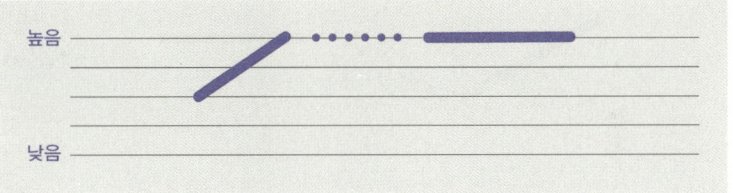

2성의 음을 너무 길게 발음하면 뒤의 1성이 짧게 발음되기도 합니다. 이 점을 주의하여 적절한 길이로 2성을 발음해야 합니다.

昨天 zuótiān 어제   结婚 jiéhūn 결혼

明天 míngtiān 내일   房间 fángjiān 방

时间 shíjiān 시간   国家 guójiā 국가

DAY 7

가짜가 아니라 진짜입니다

▼▼▼▼▼
학습목표

'~입니다', '~아니라~이다'와 같은 표현을 활용한 다양한 문장을 배웁니다.

STEP 01 단어 큰 소리로 단어를 읽어 봅시다

- 군·양 Xiǎo 〈성이나 이름 앞에 붙여, 자신보다 어린 사람에 대한 친근함을 나타냄〉

- 과장 kēzhǎng
- 맞다 duì
- 사장 jīnglǐ
- 새것 xīn de
- 가짜 jiǎ
- 진짜·정말 zhēn
- 하다·만들다 zuò
- A가 아니라 B다 bú shì A shì B
- (여자)승무원 kōngjiě

- 간호사 hùshi
- 변호사 lǜshī
- 회사원 gōngsīzhíyuán
- 병원 yīyuàn
- 빵 miànbāo

STEP 02 문장 큰 소리로 문장을 읽어 봅시다

○ 당신은 이 군의 아버지인가요?
○ 나는 이 군의 아버지가 아닙니다.

○ 그녀는 장 군의 어머니인가요?
○ 그녀는 장 군의 어머니가 아닙니다. 이 군의 어머니입니다.

○ 당신은 왕 과장님입니까?
○ 네, 당신은 김 사장님이시죠?

▷ Nín shì Xiǎo Lǐ de bàba ma?
▷ Wǒ bú shì Xiǎo Lǐ de bàba.

▷ Tā shì Xiǎo Zhāng de māma ma?
▷ Tā bú shì Xiǎo Zhāng de māma, shì Xiǎo Lǐ de māma.

▷ Nín shì Wáng kēzhǎng ma?
▷ Duì, nín shì Jīn jīnglǐ ba.

① 您是小李的爸爸吗? ② 我不是小李的爸爸。 ③ 她是小张的妈妈吗?
④ 她不是小张的妈妈, 是小李的妈妈。 ⑤ 您是王科长吗? ⑥ 对, 您是金经理吧。

DAY 7 가짜가 아니라 진짜입니다

STEP 03 문장 큰 소리로 문장을 읽어 봅시다

- 이것은 새것입니까?
- 새것입니다. 새것이 좋지 않나요?

- 저것은 가짜죠?
- 가짜가 아니고 진짜입니다.

- 이것도 산 것이 아닙니까?
- 아닙니다. 제가 만든 것입니다.

▷ Zhè shì xīn de ma?
▷ Shì xīn de, xīn de bú shì hěn hǎo ma?

▷ Nà shì jiǎ de ba?
▷ Bú shì jiǎ de, shì zhēn de.

▷ Zhège bù yě shì mǎi de ma?
▷ Bú shì, shì wǒ zuò de.

① 这是新的吗?   ② 是新的, 新的不是很好吗?   ③ 那是假的吧?
④ 不是假的, 是真的。   ⑤ 这个不也是买的吗?   ⑥ 不是, 是我做的。

STEP 04 문장 큰 소리로 문장을 읽어 봅시다

- 당신 어머니는 선생님입니까?
- 선생님이 아니고 의사입니다.

- 당신 누나는 승무원입니까?
- 승무원이 아니고 간호사입니다.

- 당신 오빠는 변호사입니까 아닙니까?
- 변호사가 아니고 회사원입니다.

▷ Nǐ māma shì lǎoshī ma?
▷ Bú shì lǎoshī, shì yīshēng.

▷ Nǐ jiějie shì kōngjiě ma?
▷ Bú shì kōngjiě, shì hùshi.

▷ Nǐ gēge shì bu shì lǜshī?
▷ Bú shì lǜshī, shì gōngsīzhíyuán.

① 你妈妈是老师吗? ② 不是老师, 是医生. ③ 你姐姐是空姐吗?
④ 不是空姐, 是护士. ⑤ 你哥哥是不是律师? ⑥ 不是律师, 是公司职员.

STEP 05

문장 큰 소리로 문장을 읽어 봅시다

- 여기는 당신 집이에요 아니에요?
- 아니에요, 이제는 우리 집이에요.

- 저기가 그녀의 병원이에요 아니에요?
- 저기는 그녀의 병원이 아닙니다.

- 이것은 저의 빵이에요 아니에요?
- 당신 것이 아니고 제 것입니다.

▷ Zhè shì bu shì nǐ jiā?
▷ Bù, xiànzài shì wǒmen de jiā.

▷ Nà shì bu shì tā de yīyuàn?
▷ Nà bú shì tā de yīyuàn.

▷ Zhè shì bu shì wǒ de miànbāo?
▷ Bú shì nǐ de, nà shì wǒ de.

① 这是不是你家? ② 不, 现在是我们的家。 ③ 那是不是她的医院?
④ 那不是她的医院。 ⑤ 这是不是我的面包? ⑥ 不是你的, 那是我的。

STEP 06

발음 어려운 발음을 차근차근 연습해 봅시다

TIP 1

2성+2성

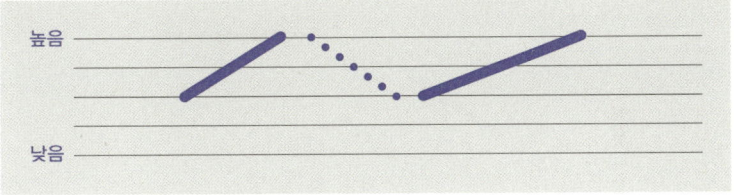

2성이 연달아 나오면 앞 글자보다는 뒷글자를 조금 더 길게 발음합니다. 앞 글자의 2성을 조금 짧게, 뒷글자의 2성은 최대한 길게 끌면서 발음해 봅시다.

明年 míngnián 내년   足球 zúqiú 축구

前年 qiánnián 재작년   人民 rénmín 인민

学习 xuéxí 공부하다   食堂 shítáng 식당

DAY 8

돈 있나요?

▼▼▼▼
학습목표

'~이 있다'와 같은 표현을 활용한 다양한 문장을 배웁니다.

STEP 01 단어 큰 소리로 단어를 읽어 봅시다

- 옷 yīfu
- 많다 duō
- 형제자매 xiōngdì jiěmèi
- 돈 qián
- 사전 cídiǎn
- 권 běn `책 등을 세는 단위`
- 달걀 jīdàn
- 펜 bǐ
- ~밖에 없다 zhǐyǒu
- 자루·개피 zhī `막대 모양의 물건을 세는 단위`
- 탁자 zhuōzi
- 의자 yǐzi
- 방 fángjiān
- 부근·근처 fùjìn
- 지하철역 dìtiězhàn
- A이긴 A인데 A shì A
- 그런데·하지만 kěshì
- 멀다 yuǎn
- 호텔 jiǔdiàn
- 잔돈 língqián
- 별 말씀을 bié kèqi
- 한턱 내다·접대하다 qǐngkè

STEP 02

문장 큰 소리로 문장을 읽어 봅시다

- 옷 많아요?
- 저는 예쁜 옷이 많아요.

- 형제가 어떻게 돼요?
- 저는 오빠가 한 명 있어요.

- 돈 있어요 없어요?
- 저 돈 많아요.

▷ Nǐ de yīfu duō ma?
▷ Wǒ yǒu hěn duō piàoliang de yīfu.

▷ Nǐ yǒu xiōngdì jiěmèi ma?
▷ Wǒ yǒu yí ge gēge.

▷ Nǐ yǒu méiyǒu qián?
▷ Wǒ yǒu hěn duō qián.

① 你的衣服多吗? ② 我有很多漂亮的衣服。 ③ 你有兄弟姐妹吗?
④ 我有一个哥哥。 ⑤ 你有没有钱? ⑥ 我有很多钱。

STEP 03 문장 큰 소리로 문장을 읽어 봅시다

- 저는 중한사전이 없어요.
- 제가 한 권 사 줄게요.

- 달걀이 몇 개 있어요?
- 달걀이 네 개 있어요.

- 펜이 있어요 없어요?
- 저는 딱 한 자루 있어요.

▷ Wǒ méiyǒu zhōngháncídiǎn.
▷ Wǒ gěi nǐ mǎi yì běn ba.

▷ Nǐ yǒu jǐ ge jīdàn?
▷ Wǒ yǒu sì ge jīdàn.

▷ Nǐ yǒu méiyǒu bǐ?
▷ Wǒ zhǐyǒu yì zhī bǐ.

① 我没有中韩词典。　② 我给你买一本吧。　③ 你有几个鸡蛋？
④ 我有四个鸡蛋。　⑤ 你有没有笔？　⑥ 我只有一支笔。

STEP 04

문장 큰 소리로 문장을 읽어 봅시다

- 탁자 위에 무엇이 있나요?
- 탁자 위에 책이 한 권 있어요.

- 의자 위에 무엇이 있나요?
- 의자 위에 아무 것도 없어요.

- 방에 누가 있나요?
- 방에 한 사람도 없어요.

▷ Zhuōzi shang yǒu shénme?
▷ Zhuōzi shang yǒu yì běn shū.

▷ Yǐzi shang yǒu shénme?
▷ Yǐzi shang méiyǒu shénme.

▷ Fángjiān li yǒu rén ma?
▷ Fángjiān li yí ge rén yě méiyǒu.

① 桌子上有什么? ② 桌子上有一本书。 ③ 椅子上有什么?
④ 椅子上没有什么。 ⑤ 房间里有人吗? ⑥ 房间里一个人也没有。

STEP 05 문장 큰 소리로 문장을 읽어 봅시다

- 이 근처에 지하철역 있어요?
- 있긴 있는데 멀어요.

- 기차역 근처에 호텔이 있어요?
- 근처에 호텔이 많아요.

- 여기 잔돈 있어요.
- 별말씀을, 오늘은 제가 낼게요.

▷ Zhè fùjìn yǒu dìtiězhàn ma?
▷ Yǒu shì yǒu, kěshì hěn yuǎn.

▷ Huǒchēzhàn fùjìn yǒu jiǔdiàn ma?
▷ Fùjìn yǒu hěn duō jiǔdiàn.

▷ Zhèr yǒu língqián.
▷ Bié kèqi, jīntiān wǒ qǐngkè.

① 这附近有地铁站吗?   ② 有是有, 可是很远。   ③ 火车站附近有酒店吗?
④ 附近有很多酒店。   ⑤ 这儿有零钱。   ⑥ 别客气, 今天我请客。

STEP 06

발음 어려운 발음을 차근차근 연습해 봅시다

TIP 1
2성+3성

'2성+3성'은 자칫 잘못하면 '2성+2성'처럼 발음하게 됩니다. 3성을 확실히 낮추어 발음하는 연습을 반복해야 합니다. 다시 한번 연습해 봅시다.

没有 méiyǒu 없다   牛奶 niúnǎi 우유

苹果 píngguǒ 사과   词典 cídiǎn 사전

啤酒 píjiǔ 맥주   门口 ménkǒu 입구

DAY 9

당신은 어디 있나요?

▼▼▼▼
학습목표

장소를 나타내는 표현과 기본적인 동사를 활용한 다양한 문장을 배웁니다.

STEP 01 단어 큰 소리로 단어를 읽어 봅시다

- 집 jiā
- 밖·바깥 wàibian
- 집안일 jiāwù
- 출근하다 shàngbān
- 무역회사 màoyìgōngsī
- 백화점 bǎihuòshāngchǎng
- 왕푸징 Wángfǔjǐng
- 컴퓨터 diànnǎo
- 옆 pángbiān
- 도서관 túshūguǎn
- 강당 lǐtáng
- 왼쪽 zuǒbian
- 축구공 zúqiú
- 아래쪽 xiàbian
- 알다 zhīdào
- 열쇠 yàoshi
- 손 shǒu

STEP 02

문장 큰 소리로 문장을 읽어 봅시다

- 당신은 어디 있나요?
- 저는 집에 있어요.

- 그는 어디 있나요?
- 그는 밖에 있어요.

- 당신은 집에서 뭐해요?
- 저는 집에서 집안일을 해요.

▷ Nǐ zài nǎr?
▷ Wǒ zài jiā.

▷ Tā zài nǎr?
▷ Tā zài wàibian.

▷ Nǐ zài jiā gàn shénme?
▷ Wǒ zài jiā zuò jiāwù.

① 你在哪儿? ② 我在家。 ③ 他在哪儿?
④ 他在外边。 ⑤ 你在家干什么? ⑥ 我在家做家务。

STEP 03

문장 큰 소리로 문장을 읽어 봅시다

○ 당신은 어디서 일해요?

○ 나는 무역회사에서 일해요.

○ 그는 어디서 일해요?

○ 그는 백화점에서 일해요.

○ 당신 회사는 어디 있나요?

○ 우리 회사는 베이징에 있어요.

▷ Nǐ zài nǎr shàngbān?

▷ Wǒ zài màoyìgōngsī shàngbān.

▷ Tā zài nǎr gōngzuò?

▷ Tā zài bǎihuòshāngchǎng gōngzuò.

▷ Nǐ de gōngsī zài nǎr?

▷ Wǒ de gōngsī zài Běijīng.

① 你在哪儿上班? ② 我在贸易公司上班。 ③ 他在哪儿工作?
④ 他在百货商场工作。 ⑤ 你的公司在哪儿? ⑥ 我的公司在北京。

STEP 04 문장 큰 소리로 문장을 읽어 봅시다

- 이것은 어디서 산 것인가요?
- 이것은 왕푸징에서 산 것입니다.

- 저것은 중국에서 산 것인가요?
- 아니요, 한국에서 산 것이에요.

- 내 책은 어디 있나요?
- 당신 책은 컴퓨터 옆에 있어요.

▷ Zhè shì zài nǎr mǎi de?
▷ Zhè shì zài Wángfǔjǐng mǎi de.

▷ Nà shì zài Zhōngguó mǎi de ma?
▷ Bú shì, shì zài Hánguó mǎi de.

▷ Wǒ de shū zài nǎr?
▷ Nǐ de shū zài diànnǎo pángbiān.

① 这是在哪儿买的? ② 这是在王府井买的。 ③ 那是在中国买的吗?
④ 不是, 是在韩国买的。 ⑤ 我的书在哪儿? ⑥ 你的书在电脑旁边。

DAY 9 당신은 어디 있나요?

STEP 05

문장 큰 소리로 문장을 읽어 봅시다

○ 도서관이 어디 있나요?

○ 도서관은 강당 왼쪽에 있어요.

○ 내 축구공은 어디 있나요?

○ 당신의 축구공은 의자 밑에 있어요.

○ 내 열쇠가 어디 있는지 아세요?

○ 당신 열쇠가 어디 있는지 저는 잘 모르겠어요.

▷ Túshūguǎn zài nǎr?

▷ Túshūguǎn zài lǐtáng zuǒbian.

▷ Wǒ de zúqiú zài nǎr?

▷ Nǐ de zúqiú zài yǐzi xiàbian.

▷ Nǐ zhīdào wǒ de yàoshi zài nǎr ma?

▷ Wǒ bù zhīdào nǐ de yàoshi zài nǎr.

① 图书馆在哪儿? ② 图书馆在礼堂左边。 ③ 我的足球在哪儿?
④ 你的足球在椅子下边。 ⑤ 你知道我的钥匙在哪儿吗? ⑥ 我不知道你的钥匙在哪儿。

STEP 06

발음 어려운 발음을 차근차근 연습해 봅시다

TIP 1

2성+4성

앞의 2성을 최대한 높이 끌어올렸다가 내리꽂듯 강하게 4성을 발음해 봅시다.

学校 xuéxiào 학교

杂志 zázhì 잡지

能力 nénglì 능력

容易 róngyì 쉽다

愉快 yúkuài 유쾌하다

颜色 yánsè 색깔

DAY 10

주간 연습 및 복습

▼ ▼ ▼ ▼
학습목표
___

그동안 배웠던 표현을 활용하여 다양한 문장을 만들어 봅니다.

STEP 01 단어 큰 소리로 단어를 읽어 봅시다

- 먼저·우선 xiān
- 운동화 yùndòngxié
- 모른다 bù zhīdào
- 중식 zhōngcān
- 양식 xīcān
- 한식 háncān
- 처장 chùzhǎng
- 핸드폰 shǒujī
- 황금색 jīnsè(huángjīnsè)
- 애플 píngguǒ
- 작년 qùnián

- 이때 zhèshíhou
- 날마다 tiāntiān
- 사무실 bàngōngshì
- 은행 yínháng
- 원 kuài(qián) `중국의 화폐 단위`
- 맞은편 duìmiàn
- 만두집 jiǎoziguǎn
- 빌딩 dàshà
- 안 lǐmiàn
- 빵집 miànbāodiàn

STEP 02

문장 큰 소리로 문장을 읽어 봅시다

○ 우리 먼저 밥 먹어요, 영화 봐요?

○ 우리 먼저 밥 먹어요.

○ 이것은 누구의 운동화예요?

○ 누구의 운동화인지 모르겠어요.

○ 우리 중식을 먹어요 양식을 먹어요?

○ 한식 괜찮을까요?

▷ Wǒmen xiān chīfàn háishi xiān kàn diànyǐng?

▷ Wǒmen xiān chīfàn ba.

▷ Zhè shì shéi de yùndòngxié?

▷ Bù zhīdào shì shéi de yùndòngxié.

▷ Wǒmen chī zhōngcān háishi xīcān?

▷ Chī háncān kěyǐ ma?

① 我们先吃饭还是先看电影？　② 我们先吃饭吧。　③ 这是谁的运动鞋？
④ 不知道是谁的运动鞋。　⑤ 我们吃中餐还是西餐？　⑥ 吃韩餐可以吗？

STEP 03

문장 큰 소리로 문장을 읽어 봅시다

○ 이것은 왕 처장님의 핸드폰인가요?

○ 아이폰 골드인가요?

○ 그것은 언제 산 거에요?

○ 작년 이맘때 산 것입니다.

○ 여기가 당신이 출근하는 회사에요?

○ 네, 여기가 제가 출근하는 회사입니다.

▷ Zhè shì Wáng chùzhǎng de shǒujī ma?

▷ Shì huángjīnsè píngguǒ ma?

▷ Nà shì shénme shíhou mǎi de?

▷ Shì qùnián zhèshíhou mǎi de.

▷ Zhè shì nǐ shàngbān de gōngsī ma?

▷ Shì, zhè shì wǒ shàngbān de gōngsī.

① 这是王处长的手机吗? ② 是黄金色苹果吗? ③ 那是什么时候买的?
④ 是去年这时候买的。 ⑤ 这是你上班的公司吗? ⑥ 是,这是我上班的公司。

STEP 04 문장 큰 소리로 문장을 읽어 봅시다

- 사무실에 몇 명 있어요?
- 사무실에 열 명 정도 있어요.

▷ Bàngōngshì lǐ yǒu jǐ ge rén?
▷ Bàngōngshì lǐ yǒu shí jǐ ge rén.

- 학교 근처에 은행 있어요?
- 학교 근처에 중국은행이 있어요.

▷ Xuéxiào fùjìn yǒu yínháng ma?
▷ Xuéxiào fùjìn yǒu yí ge Zhōngguóyínháng.

- 지금 얼마 있어요?
- 저는 지금 300위안 뿐이에요.

▷ Nǐ xiànzài yǒu duōshao qián?
▷ Wǒ xiànzài zhǐyǒu sānbǎi kuài qián.

① 办公室里有几个人? ② 办公室里有十几个人。 ③ 学校附近有银行吗?
④ 学校附近有一个中国银行。 ⑤ 你现在有多少钱? ⑥ 我现在只有三百块钱。

STEP 05

문장 큰 소리로 문장을 읽어 봅시다

- 중국은행은 어디 있나요?
- 중국은행은 한중병원 맞은 편에 있어요.

- 대왕 만두집은 어디 있나요?
- 한중빌딩 안에 있어요.

- 당신은 학교에서 일해요?
- 저는 학교에서 일하지 않아요, 빵집에서 일해요.

▷ Zhōngguóyínháng zài nǎr?
▷ Zhōngguóyínháng zài hánzhōngyīyuàn duìmiàn.

▷ DàWáng jiǎoziguǎn zài nǎr?
▷ Zài hánzhōngdàshà lǐmiàn.

▷ Nǐ zài xuéxiào gōngzuò ma?
▷ Wǒ bú zài xuéxiào gōngzuò, zài miànbāodiàn gōngzuò.

① 中国银行在哪儿?   ② 中国银行在韩中医院对面.   ③ 大王饺子馆在哪儿?
④ 在韩中大厦里面.   ⑤ 你在学校工作吗?   ⑥ 我不在学校工作, 在面包店工作.

STEP 06

발음 어려운 발음을 차근차근 연습해 봅시다

2성+경성   TIP 1

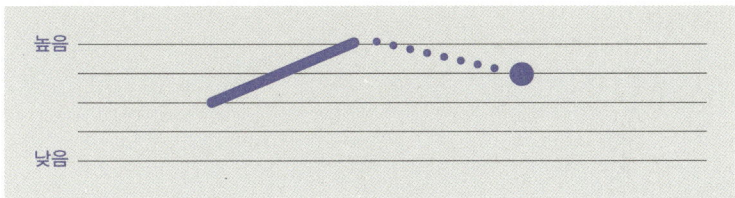

2성의 끝소리는 때때로 중국어의 성조 중에 가장 높은 곳에 위치합니다. 따라서 2성 뒤의 경성은 2성보다 낮고 가볍게 발음해야 합니다.

朋友 péngyou 친구   爷爷 yéye 할아버지

便宜 piányi 싸다   什么 shénme 무엇

学生 xuésheng 학생   孩子 háizi 아이

DAY 11

비싼 게 좋아요?

▼▼▼▼
학습목표
───────────────────────
자주 사용되는 형용사를 활용한 다양한 표현을 배웁니다.

STEP 01

단어 큰 소리로 단어를 읽어 봅시다

- 비싸다 guì
- 볼만하다 hǎokàn
- 반드시~한 것은 아니다 bù yídìng
- 그런대로 괜찮다 hái hǎo
- 작다 xiǎo
- 길다 cháng
- 더 gèng
- 많다 duō
- 반드시·꼭 yídìng
- 점점 더~하다 yuèláiyuè
- A할수록 B하다 yuè A yuè B
- 크다·높다 gāo

STEP 02 문장 큰 소리로 문장을 읽어 봅시다

- 이것은 비싸요 비싸지 않아요?
- 이것은 그다지 비싸지 않아요.

- 당신이 먹은 것은 맛있어요 맛없어요?
- 제가 먹은 건 맛있어요.

- 당신이 본 영화는 볼만해요 아니에요?
- 제가 본 영화는 볼만하지 않아요.

▷ Zhège guì bú guì?
▷ Zhège bú tài guì.

▷ Nǐ chī de zhège hǎo bù hǎochī?
▷ Wǒ chī de zhège hěn hǎochī.

▷ Nǐ kàn de diànyǐng hǎo bù hǎokàn?
▷ Wǒ kàn de nàge diànyǐng bù hǎokàn.

① 这个贵不贵? ② 这个不太贵。 ③ 你吃的这个好不好吃?
④ 我吃的这个很好吃。 ⑤ 你看的电影好不好看? ⑥ 我看的那个电影不好看。

STEP 03

문장 큰 소리로 문장을 읽어 봅시다

○ 비싼 게 좋아요?
○ 비싼 게 반드시 좋지는 않아요.

○ 제가 산 거 어때요?
○ 그런대로 괜찮아요.

○ 이 큰 게 당신 것입니까?
○ 아니요, 제 것은 작은 것이에요.

▷ Guì de hǎo ma?
▷ Guì de bù yídìng hǎo.

▷ Wǒ mǎi de zěnmeyàng?
▷ Hái hǎo.

▷ Zhège dà de shì nǐ de ma?
▷ Bú shì, wǒ de shì xiǎo de.

① 贵的好吗?   ② 贵的不一定好。   ③ 我买的怎么样?
④ 还好。   ⑤ 这个大的是你的吗?   ⑥ 不是, 我的是小的。

STEP 04 문장 큰 소리로 문장을 읽어 봅시다

- 이거 길어요 길지 않아요?
- 이것은 길지 않아요, 저것이 더 길어요.

- 긴 게 좋아요?
- 긴 게 반드시 좋지 않아요.

- 오늘 사람 많겠죠?
- 오늘 일요일이라 분명히 많아요.

▷ Zhège cháng bu cháng?
▷ Zhège bù cháng, nàge gèng cháng.

▷ Cháng de hǎo ma?
▷ Cháng de bùyídìng hǎo.

▷ Jīntiān rén yídìng duō ba?
▷ Jīntiān xīngqītiān, yídìng hěn duō.

① 这个长不长? ② 这个不长, 那个更长。 ③ 长的好吗?
④ 长的不一定好。 ⑤ 今天人一定多吧? ⑥ 今天星期天, 一定很多。

STEP 05

문장 큰 소리로 문장을 읽어 봅시다

- 점점 커진다.
- 점점 작아진다.
- 점점 많아진다.
- 클수록 좋다.
- 길수록 좋다.
- 높을수록 좋다.

▷ Yuèláiyuè dà.
▷ Yuèláiyuè xiǎo.
▷ Yuèláiyuè duō.
▷ Yuè dà yuè hǎo.
▷ Yuè cháng yuè hǎo.
▷ Yuè gāo yuè hǎo.

① 越来越大。　② 越来越小。　③ 越来越多。
④ 越大越好。　⑤ 越长越好。　⑥ 越高越好。

STEP 06 발음 어려운 발음을 차근차근 연습해 봅시다

> TIP 1
> **3성+1성**

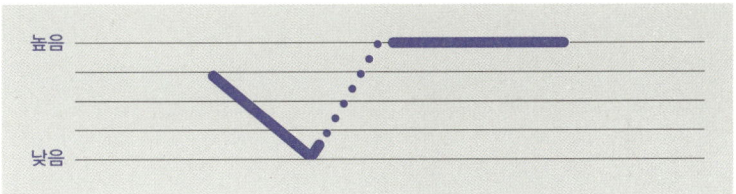

3성 뒤에 다른 성조의 발음이 나오는 경우, 3성의 내렸다가 올라가는 발음에서 올라가는 음은 발음하지 않습니다. 3성의 내려가는 음 바로 뒤에 높고 길게 1성을 발음해야 합니다.

北京 Běijīng 베이징   老师 lǎoshī 선생님

好吃 hǎochī 맛있다   小说 xiǎoshuō 소설

火车 huǒchē 기차   手机 shǒujī 핸드폰

DAY 12

오늘은
어제보다 춥다

▼▼▼▼
학습목표
───────────────────────────

날씨와 관련된 표현과 비교 표현을 활용한 다양한 문장을 배웁니다.

STEP 01 단어 큰 소리로 단어를 읽어 봅시다

- 춥다 lěng
- ~보다 bǐ
- 봄 chūntiān
- 따뜻하다 nuǎnhuo
- 가을 qiūtiān
- 덥다 rè
- 맞다 duì
- 선선하다 liángkuai
- 눈이 내리다 xiàxuě
- 겨울 dōngtiān
- 계절 jìjié

- 가장·최고 zuì
- 바람이 불다 guāfēng
- 비가 내리다 xiàyǔ
- 일기 예보 tiānqìyùbào
- 도 dù 〔온도의 단위〕
- 기온 qìwēn
- 영하 língxià
- 좀 더~해라 duō…diǎnr
- 입다·신다 chuān

STEP 02 문장 큰 소리로 문장을 읽어 봅시다

○ 오늘 추워요?
○ 오늘 그다지 춥지 않아요.

○ 오늘 추워요 안 추워요?
○ 오늘 어제보다 더 추워요.

○ 어제는 오늘보다 더워요?
○ 어제는 오늘보다 더 더워요.

▷ Jīntiān lěng ma?
▷ Jīntiān bú tài lěng.

▷ Jīntiān lěng bu lěng?
▷ Jīntiān bǐ zuótiān gèng lěng.

▷ Zuótiān bǐ jīntiān rè ma?
▷ Zuótiān bǐ jīntiān gèng rè.

① 今天冷吗?   ② 今天不太冷。   ③ 今天冷不冷?
④ 今天比昨天更冷。   ⑤ 昨天比今天热吗?   ⑥ 昨天比今天更热。

STEP 03

문장 큰 소리로 문장을 읽어 봅시다

○ 오늘 날씨 어때요?

○ 지금 봄이라 따뜻해요.

○ 가을이 되어 그다지 덥지 않아요.

○ 맞아요, 오늘 정말 시원해요.

○ 서울은 눈 내려요?

○ 서울은 겨울에 눈이 내리고 추워요.

▷ Jīntiān tiānqì zěnmeyàng?

▷ Xiànzài shì chūntiān, hěn nuǎnhuo.

▷ Qiūtiān le, bú tài rè.

▷ Duì, jīntiān zhēn liángkuai.

▷ Shǒu'ěr xiàxuě ma?

▷ Shǒu'ěr de dōngtiān xiàxuě, hěn lěng.

① 今天天气怎么样? ② 现在是春天, 很暖和。 ③ 秋天了, 不太热。
④ 对, 今天真凉快。 ⑤ 首尔下雪吗? ⑥ 首尔的冬天下雪, 很冷。

STEP 04 문장 큰 소리로 문장을 읽어 봅시다

○ 서울은 어느 계절이 가장 좋아요?

○ 가을이 가장 좋아요. 춥지도 덥지도 않아요.

○ 오늘 날씨 어때요?

○ 오늘 바람이 불어요.

○ 내일 비가 내려요?

○ 일기예보에서 내일 비가 온대요.

▷ Shǒu'ěr nǎge jìjié zuì hǎo?

▷ Qiūtiān zuì hǎo, bù lěng yě bú rè.

▷ Jīntiān tiānqì zěnmeyàng?

▷ Jīntiān guāfēng.

▷ Míngtiān xiàyǔ ma?

▷ Tiānqìyùbào shuō míngtiān xiàyǔ.

① 首尔哪个季节最好? ② 秋天最好, 不冷也不热。 ③ 今天天气怎么样?
④ 今天刮风。 ⑤ 明天下雨吗? ⑥ 天气预报说明天下雨。

STEP 05 문장 큰 소리로 문장을 읽어 봅시다

- 오늘 더워요?
- 더워요, 오늘 32도에요.

- 오늘 기온은 몇 도에요?
- 기온이 영하 2도에서 4도에요.

- 밖에 추워요?
- 추워요, 옷을 좀 더 입어요.

▷ Jīntiān rè ma?
▷ Hěn rè, jīntiān sānshíèr dù.

▷ Jīntiān de qìwēn duōshao dù?
▷ Qìwēn língxià èr dù dào sì dù.

▷ Wàibian lěng ma?
▷ Hěn lěng, duō chuān diǎnr yīfu.

① 今天热吗?   ② 很热, 今天32度。   ③ 今天的气温多少度?
④ 气温零下2度到4度。   ⑤ 外边冷吗?   ⑥ 很冷, 多穿点儿衣服。

STEP 06

발음 어려운 발음을 차근차근 연습해 봅시다

TIP 1

3성+2성

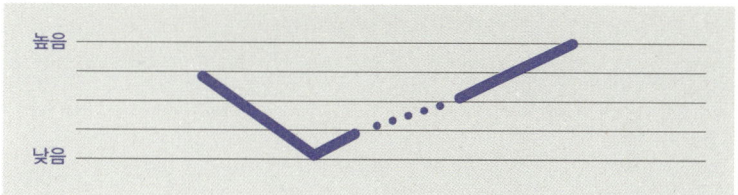

'3성+2성'은 3성의 발음 표시처럼 한껏 내렸다가 한껏 올려 봅니다. 여기서 주의할 점은 첫 글자의 3성은 반만 발음해야 한다는 것입니다.

法国 Făguó 프랑스   美元 měiyuán US달러

美国 Měiguó 미국   有名 yǒumíng 유명하다

起床 qǐchuáng 일어나다   水平 shuǐpíng 수준, 실력

DAY 13

언제 귀국해요?

▼▼▼▼
학습목표
―――――――――――――――――――
날짜와 시간 등을 나타내는 다양한 표현을 배웁니다.

STEP 01 단어 큰 소리로 단어를 읽어 봅시다

- 설날 chūnjié
- 일 hào 〈날짜를 가리킴〉
- 음력 nónglì
- 생일 shēngrì
- 어머니날 mǔqīnjié
- 매년 měinián
- 둘째 dì'èr
- 하다 zuò
- 계획·예정 dǎsuan
- 귀국하다 huíguó

- 시작하다 kāishǐ
- 수업하다 shàngkè
- 15분 kè
- 수업을 마치다 xiàkè
- 오전 shàngwǔ

STEP 02 문장 큰 소리로 문장을 읽어 봅시다

- 설날은 몇 월 며칠입니까?
- 설날은 음력 1월 1일입니다.

- 당신의 생일은 몇 월 며칠입니까?
- 제 생일은 2월 3일입니다.

- 중국에 어머니날이 있나요?
- 있어요, 매년 5월 둘째 주 일요일입니다.

▷ Chūnjié shì jǐ yuè jǐ hào?
▷ Chūnjié shì nónglì yī yuè yī hào.

▷ Nǐ de shēngrì shì jǐ yuè jǐ hào?
▷ Wǒ de shēngrì shì èr yuè sān hào.

▷ Zhōngguó yǒu mǔqīnjié ma?
▷ Yǒu, shì měinián wǔ yuè de dì'èr ge xīngqītiān.

① 春节是几月几号？
② 春节是农历1月1号。
③ 你的生日是几月几号？
④ 我的生日是2月3号。
⑤ 中国有母亲节吗？
⑥ 有，是每年5月的第二个星期天。

STEP 03 문장 큰 소리로 문장을 읽어 봅시다

- 이번 주는 시간이 없습니다.
- 다음 주에 만납시다.

▷ Zhè xīngqī méiyǒu shíjiān.
▷ Xià xīngqī jiàn ba.

- 지난 주에 베이징에 갔나요?
- 지난 주에 상하이에 갔어요.

▷ Shàng xīngqī qù Běijīng le ma?
▷ Shàng xīngqī qù Shànghǎi le.

- 다음 주에 무엇을 하나요?
- 다음 주에 계획 없어요.

▷ Xià xīngqī yào zuò shénme?
▷ Xià xīngqī méiyǒu dǎsuan.

① 这星期没有时间。　② 下星期见吧。　③ 上星期去北京了吗?
④ 上星期去上海了。　⑤ 下星期要做什么?　⑥ 下星期没有打算。

STEP 04 문장 큰 소리로 문장을 읽어 봅시다

○ 언제 귀국해요?

○ 4월 6일에 귀국해요.

○ 며칠부터 출근하세요?

○ 7일부터 출근합니다.

○ 몇 시에 수업을 시작하나요?

○ 9시 반에 수업을 시작합니다.

▷ Shénme shíhou huíguó?

▷ Sì yuè liù hào huíguó.

▷ Jǐ hào kāishǐ shàngbān?

▷ Qī hào kāishǐ shàngbān.

▷ Jǐ diǎn shàngkè?

▷ Jiǔ diǎn bàn shàngkè.

① 什么时候回国?   ② 4月6号回国。   ③ 几号开始上班?
④ 7号开始上班。   ⑤ 几点上课?   ⑥ 9点半上课。

STEP 05 문장 큰 소리로 문장을 읽어 봅시다

- 몇 시에 퇴근해요?
- 오후 6시에 퇴근해요.

- 몇 시에 수업이 끝나요?
- 오후 4시 45분에 수업이 끝나요.

- 우리 몇 시에 어디서 만나요?
- 우리 오전 11시에 학교에서 만나요.

▷ Jǐ diǎn xiàbān?
▷ Xiàwǔ liù diǎn xiàbān.

▷ Jǐ diǎn xiàkè?
▷ Xiàwǔ sì diǎn sān kè xiàkè.

▷ Wǒmen jǐ diǎn zài nǎr jiànmiàn?
▷ Wǒmen shàngwǔ shíyī diǎn zài xuéxiào jiànmiàn.

① 几点下班?   ② 下午6点下班。   ③ 几点下课?
④ 下午4点三刻下课。   ⑤ 我们几点在哪儿见面?   ⑥ 我们上午11点在学校见面。

STEP 06

발음 어려운 발음을 차근차근 연습해 봅시다

TIP 1

3성+3성

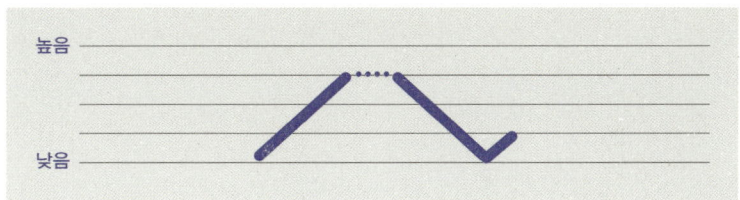

높음

낮음

3성이 연달아 나올 때 앞의 3성은 2성으로 발음한다는 것 기억하시나요? 기억 안 나도 됩니다. 많이 반복하면 입은 기억합니다.

水果 shuǐguǒ 과일

法语 Fǎyǔ 프랑스어

雨伞 yǔsǎn 우산

打扫 dǎsǎo 청소하다

手表 shǒubiǎo 손목시계

洗澡 xǐzǎo 목욕하다

DAY 14

다 먹었어요?

▼▼▼▼
학습목표

동작의 완성을 나타내는 표현을 활용한 다양한 문장을 배웁니다.

STEP 01 단어 큰 소리로 단어를 읽어 봅시다

- 끝내다·완수하다 hǎo `동사 뒤에 쓰여 동작의 완성을 나타냄`
- 아직~안 했다 hái méi
- 끝나다·마치다 wán `동사 뒤에 쓰여 동작의 완성을 나타냄`
- 이미~했다 yǐjīng…le
- 쓰다 xiě
- 편지 xìn
- 방 fángjiān
- 청소하다·정돈하다 shōushi
- 남편·여보 lǎogōng
- 세탁하다 xǐ
- 저녁밥 wǎnfàn
- 아이 háizi
- 숙제 zuòyè
- 배부르다 bǎo
- 어째서·왜 zěnme
- 이해하다 dǒng

STEP 02 문장 큰 소리로 문장을 읽어 봅시다

○ 다 먹었어요?

○ 저는 다 먹었어요.

○ 보셨나요?

○ 아직 다 보지 못했어요.

○ 다 마셨나요?

○ 저는 벌써 다 마셨어요.

▷ Nǐ chī hǎo le ma?

▷ Wǒ chī hǎo le.

▷ Nǐ kàn le ma?

▷ Hái méi kàn wán.

▷ Nǐ hē wán le ma?

▷ Wǒ yǐjīng hē wán le.

① 你吃好了吗?   ② 我吃好了。   ③ 你看了吗?

④ 还没看完。   ⑤ 你喝完了吗?   ⑥ 我已经喝完了。

STEP 03 문장 큰 소리로 문장을 읽어 봅시다

○ 그는 이 책을 보았나요?

○ 그는 이 책을 다 보았어요.

▷ Tā zhè běn shū kàn le ma?

▷ Tā zhè běn shū kàn wán le.

○ 당신은 아버지께 편지를 썼나요?

○ 저는 아버지께 편지를 썼어요.

▷ Nǐ gěi bàba de xìn xiě le ma?

▷ Wǒ gěi bàba de xìn xiě hǎo le.

○ 제 방 청소했나요?

○ 선생님 방 청소 다 했습니다.

▷ Wǒ de fángjiān shōushi le ma?

▷ Nín de fángjiān shōushi hǎo le.

① 他这本书看了吗? ② 他这本书看完了。 ③ 你给爸爸的信写了吗?
④ 我给爸爸的信写好了。 ⑤ 我的房间收拾了吗? ⑥ 您的房间收拾好了。

STEP 04 문장 큰 소리로 문장을 읽어 봅시다

- 여보, 옷 세탁했나요?
- 다 했어요.

- 저녁은 다 했나요?
- 다 했어요, 우리 먹어요.

- 얘야, 숙제 다 했니?
- 엄마, 벌써 다 했어요.

▷ Lǎogōng, yīfu xǐ le ma?
▷ Xǐ wán le.

▷ Wǎnfàn zuò hǎo le ma?
▷ Zuò hǎo le, wǒmen chīfàn ba.

▷ Háizi, nǐ zuòyè zuò wán le ma?
▷ Māma, yǐjīng zuò wán le.

① 老公, 衣服洗了吗?   ② 洗完了。   ③ 晚饭做好了吗?
④ 做好了, 我们吃饭吧。   ⑤ 孩子, 你作业做完了吗?   ⑥ 妈妈, 已经做完了。

STEP 05

문장 큰 소리로 문장을 읽어 봅시다

- 왜 안 먹죠?
- 저는 배불러요.

- 어째서 마시지 않아요?
- 많이 마셨어요.

- 중국어 알아들었나요?
- 알아들었어요.

▷ Wèishénme bù chī?
▷ Wǒ yǐjīng chī bǎo le.

▷ Zěnme bù hē?
▷ Wǒ hē duō le.

▷ Hànyǔ tīng dǒng le ma?
▷ Wǒ tīng dǒng le.

① 为什么不吃?   ② 我已经吃饱了。   ③ 怎么不喝?
④ 我喝多了。   ⑤ 汉语听懂了吗?   ⑥ 我听懂了。

STEP 06

발음 어려운 발음을 차근차근 연습해 봅시다

TIP 1

3성+4성

여기서도 3성은 반만 발음하는 '반3성'으로 발음합니다. 그 다음 내리꽂듯 강하고 날카롭게 4성을 발음합니다.

好看 hǎokàn 예쁘다   早饭 zǎofàn 아침밥

请坐 qǐngzuò 앉으세요   礼物 lǐwù 선물

马路 mǎlù 길   跑步 pǎobù 달리다

DAY 15

주간 연습 및 복습

▼▼▼▼
학습목표

그동안 배웠던 표현을 활용하여 다양한 문장을 만들어 봅니다.

STEP 01 단어 큰 소리로 단어를 읽어 봅시다

- 매우~하다 tài…le
- 싸다 piányi
- 조금·약간 yìdiǎnr
- 반드시·꼭 yídìng
- 젊다 niánqīng
- 빠르다 kuài
- 봄 chūntiān
- 따뜻하다 nuǎnhuo
- 그런데·그러나 dànshì
- 세찬 바람이 불다 guā dàfēng
- 여름 xiàtiān

- 평균 píngjūn
- 남짓·여 duō
- 얼다 dòng
- 죽다 sǐ
- 기다리다 děng
- 시간 xiǎoshí
- 지난 달 shàng ge yuè
- 이번 달 zhège yuè
- 다음 달 xià ge yuè

STEP 02

문장 큰 소리로 문장을 읽어 봅시다

- 이것은 비싸지 않아요.
- 너무 비싸요, 조금 싸게 해 주세요.

- 이것은 언니가 산 것이니 분명 좋을 거야.
- 언니가 산 것이라고 반드시 좋지 않아요.

- 점점 젊어져요.
- 빠를수록 좋아요.

▷ Zhège bú guì.

▷ Tài guì le, piányi yìdiǎnr.

▷ Zhè shì jiějie mǎi de, yídìng hěn hǎo.

▷ Jiějie mǎi de bù yídìng hǎo.

▷ Yuèláiyuè niánqīng.

▷ Yuè kuài yuè hǎo.

① 这个不贵。 ② 太贵了, 便宜一点儿。 ③ 这是姐姐买的, 一定很好。
④ 姐姐买的不一定好。 ⑤ 越来越年轻。 ⑥ 越快越好。

STEP 03

문장 큰 소리로 문장을 읽어 봅시다

- 베이징의 봄은 따뜻해요.
- 그런데 바람이 세죠.

- 상하이의 여름은 너무 더워요.
- 맞아요, 평균기온이 30도가 넘어요.

- 하얼빈은 추워요?
- 얼어 죽겠어요.

▷ Běijīng de chūntiān hěn nuǎnhuo.
▷ Dànshì guā dàfēng.

▷ Shànghǎi de xiàtiān tài rè le.
▷ Duì, píngjūn qìwēn sānshí duō dù.

▷ Hāěrbīn lěng ba?
▷ Dòng sǐ le.

① 北京的春天很暖和。　② 但是刮大风。　③ 上海的夏天太热了。
④ 对, 平均气温30多度。　⑤ 哈尔滨冷吧?　⑥ 冻死了。

STEP 04

문장 큰 소리로 문장을 읽어 봅시다

○ 중국어를 몇 개월 배웠어요?

○ 이 주 배웠어요.

○ 당신은 중국에 온 지 몇 년 되었어요?

○ 저는 중국에 온 지 1년 반이 되었어요.

○ 당신은 몇 시간 기다렸어요?

○ 저는 두 시간 기다렸어요.

▷ Hànyǔ xué le jǐ ge yuè?

▷ Xué le bàn ge yuè.

▷ Nǐ lái Zhōngguó jǐ nián le?

▷ Wǒ lái Zhōngguó yì nián bàn le.

▷ Nǐ děng le jǐ ge xiǎoshí?

▷ Wǒ děng le liǎng ge xiǎoshí.

① 汉语学了几个月?　② 学了半个月。　③ 你来中国几年了?
④ 我来中国一年半了。　⑤ 你等了几个小时?　⑥ 我等了两个小时。

STEP 05

문장 큰 소리로 문장을 읽어 봅시다

- 당신은 언제 왔어요?
- 저는 지난달에 왔어요.

- 이번 달에 중국에 가요?
- 이번 달에 가지 않고 다음 달에 가요.

- 밥 먹었어요?
- 이미 다 먹었어요.

▷ Nǐ shì shénme shíhou lái de?
▷ Wǒ shì shàng ge yuè lái de.

▷ Zhège yuè qù Zhōngguó ma?
▷ Zhège yuè bú qù, xià ge yuè qù.

▷ Nǐ chīfàn le ma?
▷ Wǒ yǐjīng chī wán le.

① 你是什么时候来的? ② 我是上个月来的。 ③ 这个月去中国吗?
④ 这个月不去, 下个月去。 ⑤ 你吃饭了吗? ⑥ 我已经吃完了。

STEP 06

발음 어려운 발음을 차근차근 연습해 봅시다

TIP 1
3성+경성

3성 뒤에 오는 경성은 상대적으로 음이 올라가게 됩니다. 경성은 앞의 성조에 따라서 그 높이가 달라집니다. 저음인 3성 뒤에서는 음높이가 살짝 올라가게 되겠지요?

姐姐 jiějie 언니, 누나   早上 zǎoshang 아침

奶奶 nǎinai 할머니   晚上 wǎnshang 저녁

喜欢 xǐhuan 좋아하다   暖和 nuǎnhuo 따뜻하다

DAY 16

뭐하고 싶어요?

▼▼▼▼
학습목표
────────────────
'~하고 싶다', '~하려고 한다'와 같은 표현을 활용한 다양한 문장을 배웁니다.

STEP 01 단어 큰 소리로 단어를 읽어 봅시다

- ~하고 싶다 xiǎng
- 홍콩 Xiānggǎng
- 매우·무척 hěn
- 선물 lǐwù
- 주다 sòng
- 전화하다 dǎ diànhuà
- 핸드폰 shǒujī
- 중국음식 zhōngguócài
- 느끼하다·기름지다 yóunì
- 주말 zhōumò
- 와·과 gēn

- 놀이공원 yóulèyuán
- 요리하다 zuòcài
- 슈퍼마켓 chāoshì
- 사과 píngguǒ
- 녹차 lǜchá
- 빨간색 hóngsè
- 하얀색 báisè
- 검정색 hēisè

STEP 02 문장 큰 소리로 문장을 읽어 봅시다

○ 어디 가고 싶어요?

○ 저는 홍콩에 가고 싶어요.

○ 당신은 중국에 가고 싶지 않아요?

○ 저는 중국에 무척 가고 싶어요.

○ 중국에 가서 무엇을 하려고요?

○ 저는 중국어를 배우고 싶어요.

▷ Nǐ xiǎng qù nǎr?

▷ Wǒ xiǎng qù Xiānggǎng.

▷ Nǐ bù xiǎng qù Zhōngguó ma?

▷ Wǒ hěn xiǎng qù Zhōngguó.

▷ Nǐ qù Zhōngguó gàn shénme?

▷ Wǒ xiǎng xuéxí Hànyǔ.

① 你想去哪儿? ② 我想去香港。 ③ 你不想去中国吗?
④ 我很想去中国。 ⑤ 你去中国干什么? ⑥ 我想学习汉语。

STEP 03

문장 큰 소리로 문장을 읽어 봅시다

- 저는 선물을 사고 싶어요.
- 누구에게 선물하려고요?

- 저는 어머니에게 전화를 걸고 싶어요.
- 제가 제 핸드폰을 줄게요.

- 중국요리 먹고 싶지 않아요?
- 먹고 싶지 않아요. 너무 느끼해요.

▷ Wǒ xiǎng mǎi lǐwù.
▷ Nǐ sòng gěi shéi?

▷ Wǒ xiǎng gěi māma dǎ diànhuà.

▷ Wǒ gěi nǐ wǒ de shǒujī.

▷ Nǐ bù xiǎng chī zhōngguócài ma?
▷ Bù xiǎng chī, tài yóunì le.

① 我想买礼物。 ② 你送给谁? ③ 我想给妈妈打电话。
④ 我给你我的手机。 ⑤ 你不想吃中国菜吗? ⑥ 不想吃, 太油腻了。

STEP 04 문장 큰 소리로 문장을 읽어 봅시다

- 주말에 무엇을 하려고 해요?
- 저는 친구와 함께 놀이공원에 가서 놀려고요.

▷ Zhōumò nǐ yào gàn shénme?
▷ Wǒ yào gēn péngyou yìqǐ qù yóulèyuán wánr.

- 일요일에 뭐 하려고요?
- 요리를 해서 아이들에게 먹이려고요.

▷ Xīngqītiān nǐ yào gàn shénme?
▷ Wǒ yào zuòcài gěi háizi chī.

- 슈퍼마켓에 가서 무엇을 사려고요?
- 슈퍼마켓에 가서 사과를 사려고요.

▷ Nǐ yào qù chāoshì mǎi shénme?
▷ Wǒ yào qù chāoshì mǎi píngguǒ.

① 周末你要干什么? ② 我要跟朋友一起去游乐园玩儿。 ③ 星期天你要干什么?
④ 我要做菜给孩子吃。 ⑤ 你要去超市买什么? ⑥ 我要去超市买苹果。

STEP 05

문장 큰 소리로 문장을 읽어 봅시다

- 무엇을 원해요?
- 녹차를 원해요.

- 1번을 원해요 아니면 2번을 원해요?
- 1번을 원합니다.

- 그는 빨간색을 원해요 아니면 하얀색을 원해요?
- 그는 검정색을 원해요.

▷ Nǐ yào shénme?
▷ Wǒ yào lǜchá.

▷ Nǐ yào yī hào de háishi èr hào de?
▷ Wǒ yào yī hào de.

▷ Tā yào hóngsè de háishi báisè de?
▷ Tā yào hēisè de.

① 你要什么? ② 我要绿茶。 ③ 你要一号的还是二号的?
④ 我要一号的。 ⑤ 他要红色的还是白色的? ⑥ 他要黑色的。

STEP 06

발음 어려운 발음을 차근차근 연습해 봅시다

TIP 1

4성+1성

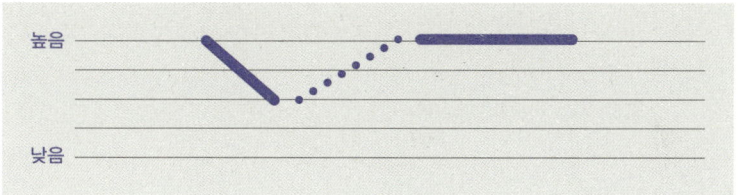

4성 뒤에 1성이 오게 되면 1성을 잘 발음해야 한다는 부담감으로 인해 앞의 4성을 1성으로 발음해서 마치 '1성+1성'처럼 발음하게 되는 경우가 있습니다. 이 점을 주의하여 다시 한번 연습해 봅시다.

大家 dàjiā 모두　　　夏天 xiàtiān 여름

后天 hòutiān 모레　　录音 lùyīn 녹음

汽车 qìchē 자동차　　面包 miànbāo 빵

DAY 17

제 아이는 아직 말을 못해요

▼▼▼▼
학습목표

'~할 수 있다'와 같은 표현을 활용한 다양한 문장을 배웁니다.

STEP 01 단어 큰 소리로 단어를 읽어 봅시다

- 아이 háizi
- 말하다 shuōhuà
- 아직 hái
- 노래하다 chànggē
- 기타를 치다 tán jítā
- A 하긴 했는데 A A shì A
- 골프를 치다 dǎ gāo'ěrfūqiú
- 중국어 Zhōngwén
- 젓가락 kuàizi
- 기다리다 děng

- 돕다 bāngzhù
- 마중하다 jiē
- 배웅하다 sòng

STEP 02 문장 큰 소리로 문장을 읽어 봅시다

○ 당신 아이는 말을 하나요?
○ 제 아이는 아직 말을 하지 못해요.

○ 오빠는 중국노래 부를 줄 알아요?
○ 오빠는 못해요, 배운 적이 없어요.

○ 누나는 기타를 칠 줄 알아요?
○ 할 줄 아는데 그다지 잘 치지 못해요.

▷ Nǐ de háizi huì shuōhuà ma?
▷ Wǒ de háizi hái bú huì shuōhuà.

▷ Gēge huì chàng zhōngguógē ma?
▷ Gēgē bú huì chàng, méi xuéguo.

▷ Jiějie huì tán jítā ma?
▷ Huì shì huì, kěshì bú tài hǎo.

① 你的孩子会说话吗?   ② 我的孩子还不会说话。   ③ 哥哥会唱中国歌吗?
④ 哥哥不会唱, 没学过。   ⑤ 姐姐会弹吉他吗?   ⑥ 会是会, 可是不太好。

STEP 03 문장 큰 소리로 문장을 읽어 봅시다

- 그는 골프를 칠 줄 알아요?
- 그는 칠 줄 몰라요.

▷ Tā huì dǎ gāo'ěrfūqiú ma?
▷ Tā bú huì dǎ.

- 어머니 요리 솜씨가 좋으시네요.
- 저는 매일 맛있는 것을 먹어요.

▷ Nǐ māma hěn huì zuòcài.
▷ Wǒ měitiān chī hǎochī de.

- 당신은 중국어 할 줄 알아요?
- 저는 조금 할 줄 알아요.

▷ Nǐ huì shuō Hànyǔ ma?
▷ Wǒ huì shuō yìdiǎnr.

① 他会打高尔夫球吗? ② 他不会打。 ③ 你妈妈很会做菜。
④ 我每天吃好吃的。 ⑤ 你会说汉语吗? ⑥ 我会说一点儿。

STEP 04 문장 큰 소리로 문장을 읽어 봅시다

- 당신은 중국어 책을 볼 수 있어요?
- 볼 수 있어요, 이미 열 권이나 봤어요.

- 제게 젓가락을 줄 수 있어요?
- 네, 조금 기다리세요.

- 그가 너를 도울 수 있는데 너는 그를 도울 수 있니?
- 저도 그를 도울 수 있어요.

▷ Nǐ néng kàn Zhōngwén shū ma?
▷ Néng kàn, yǐjīng kàn le shí běn.

▷ Néng bu néng gěi wǒ kuàizi?
▷ Néng, děng yíxià.

▷ Tā néng bāngzhù nǐ, nǐ néng bāngzhù tā ma?
▷ Wǒ yě néng bāngzhù tā.

---

① 你能看中文书吗? ② 能, 已经看了十本。 ③ 能不能给我筷子?
④ 能, 等一下。 ⑤ 他能帮助你, 你能帮助他吗? ⑥ 我也能帮助他。

STEP 05

문장 큰 소리로 문장을 읽어 봅시다

- 당신은 제게 책을 사 줄 수 있어요?
- 당연하죠, 사 줄 수 있어요.

- 저를 마중 나올 수 있어요?
- 네, 몇 시에 오세요?

- 죄송해요, 당신을 배웅하지 못해요.
- 괜찮아요.

▷ Nǐ néng bāng wǒ mǎi shū ma?
▷ Dāngrán, néng bāng nǐ.

▷ Nǐ néng lái jiē wǒ ma?
▷ Néng, nǐ jǐ diǎn lái?

▷ Duìbuqǐ, wǒ bù néng sòng nǐ.
▷ Bú kèqi.

① 你能帮我买书吗? ② 当然, 能帮你。 ③ 你能来接我吗?
④ 能, 你几点来? ⑤ 对不起, 我不能送你。 ⑥ 不客气。

STEP 06

발음 어려운 발음을 차근차근 연습해 봅시다

TIP 1

4성+2성

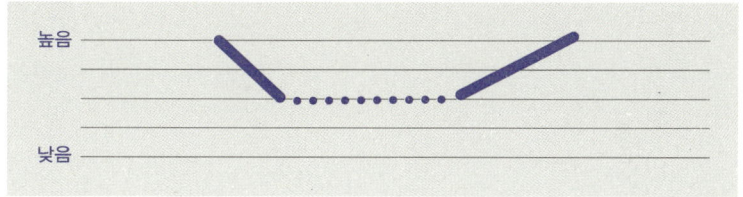

높은 음에서 낮은 음으로 순간 내리꽂는 4성의 끝소리에서 바로 2성의 계단으로 쭉 올라갑니다.

去年 qùnián 작년

性格 xìnggé 성격

外国 wàiguó 외국

复习 fùxí 복습

问题 wèntí 문제

大学 dàxué 대학

DAY 18

우리 집에 가서 밥 먹어요

▼▼▼▼
학습목표

시간, 장소와 관련된 표현을 활용한 다양한 문장을 배웁니다.

STEP 01 단어 큰 소리로 단어를 읽어 봅시다

- 언제 shénme shíhou
- 조금·약간 shāo
- 빨리 kuài
- 조금·약간 diǎnr
- 들어가다 jìnqù
- 나가다 chūqù
- 이리 오다 guòlái
- 건너 가다 guòqù
- 바로·즉시 mǎshàng
- 함께 yìqǐ
- 연말 niándǐ
- 조금·약간 yǒudiǎnr
- 늦다 wǎn

STEP 02 문장 큰 소리로 문장을 읽어 봅시다

- 우리 어디 가요?
- 우리 집에 가서 밥 먹어요.

- 언제 돌아오나요?
- 조금 기다리세요, 제가 좀 서둘러서 돌아갈게요.

- 들어갈 수 있어요?
- 좀 빨리 들어가요.

▷ Wǒmen qù nǎr?
▷ Wǒmen qù wǒ jiā chīfàn ba.

▷ Nǐ shénme shíhou huílái?
▷ Shāo děng, wǒ kuài diǎnr huíqù.

▷ Néng jìnqù ma?
▷ Kuài diǎnr jìnqù.

① 我们去哪儿? ② 我们去我家吃饭吧。 ③ 你什么时候回来?
④ 稍等, 我快点儿回去。 ⑤ 能进去吗? ⑥ 快点儿进去。

STEP 03 문장 큰 소리로 문장을 읽어 봅시다

○ 저희 나가죠.

○ 어디 가고 싶어요?

○ 당신이 올래요 아니면 제가 갈까요?

○ 당신이 오시죠, 제가 바빠서요.

○ 나오세요, 우리 모두 기다리고 있어요.

○ 제가 바로 가겠습니다.

▷ Wǒmen chūqù yíxià.

▷ Nǐ xiǎng qù nǎr?

▷ Nǐ guòlái háishi wǒ guòqù?

▷ Nǐ guòlái ba, wǒ hěn máng.

▷ Nǐ chūlái ba, wǒmen dōu děng nǐ.

▷ Wǒ mǎshàng qù.

① 我们出去一下。　② 你想去哪儿?　③ 你过来还是我过去?
④ 你过来吧, 我很忙。　⑤ 你出来吧, 我们都等你。　⑥ 我马上去。

STEP 04

문장 큰 소리로 문장을 읽어 봅시다

- 우리는 몇 시에 밥 먹어요?
- 우리 6시에 밥 먹어요.

- 우리 언제 함께 그녀를 보러 돌아 가나요?
- 당신은 가세요, 저는 가지 않습니다.

- 연말에 귀국하나요?
- 아니오, 내년에 귀국해요.

▷ Wǒmen jǐ diǎn qù chīfàn?
▷ Wǒmen liù diǎn qù chīfàn.

▷ Wǒmen shénme shíhou yìqǐ huíqù kàn tā?
▷ Nǐ qù ba, wǒ bú qù.

▷ Nǐ niándǐ huíguó ma?
▷ Bù, wǒ míngnián huíqù.

① 我们几点去吃饭? ② 我们六点去吃饭。 ③ 我们什么时候一起回去看她?
④ 你去吧, 我不去。 ⑤ 你年底回国吗? ⑥ 不, 我明年回去。

STEP 05

문장 큰 소리로 문장을 읽어 봅시다

- 제가 들어가도 되나요?
- 얼른 들어오세요.

▷ Wǒ kěyǐ jìnqù ma?
▷ Kuài jìnlái ba.

- 다음 달에 돌아가는 거 어때요?
- 그다지 좋지 않아요. 조금 늦어요.

▷ Xià ge yuè huíqù, hǎo ma?
▷ Bú tài hǎo, yǒudiǎnr wǎn.

- 다음 주에 돌아와요 돌아오지 않아요?
- 다음 주에 돌아오지 않아요.

▷ Xià xīngqī huílái bu huílái?
▷ Xià xīngqī bù huílái.

① 我可以进去吗? ② 快进来吧。 ③ 下个月回去, 好吗?
④ 不太好, 有点儿晚。 ⑤ 下星期回来不回来? ⑥ 下星期不回来。

STEP 06

발음 어려운 발음을 차근차근 연습해 봅시다

TIP 1
4성+3성

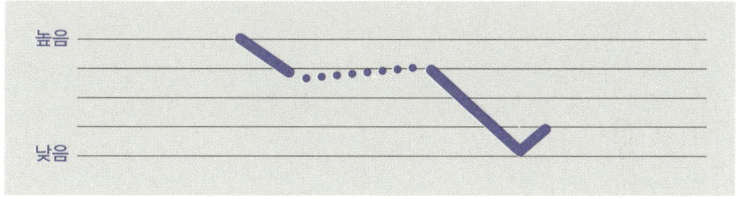

4성을 높은 음에서 강하고 짧게 발음하고 바로 3성의 계단으로 쭉 내려갑니다.

电影 diànyǐng 영화   汽水 qìshuǐ 사이다

上午 shàngwǔ 오전   办法 bànfǎ 방법

日语 Rìyǔ 일본어   饭馆儿 fànguǎnr 음식점

DAY 19

살펴 가세요

▼▼▼▼
학습목표

다양한 인사말을 배웁니다.

STEP 01 단어 큰 소리로 단어를 읽어 봅시다

- ~할 때가 되다 gāi…le
- 가다·떠나다 zǒu
- 느리다·천천히 màn
- 배웅하다·보내다 sòng
- 나오지 마세요 liúbù
- 면하다·피하다 miǎn
- 존함이 어떻게 되십니까 zūnxìngdàmíng
- 명함 míngpiàn
- 문제 없다 méi wèntí
- 시다 suān

- 달다 tián
- 담백하다 qīngdàn
- 드세요 qǐng yòng
- 매우·무척 hǎo

STEP 02 문장 큰 소리로 문장을 읽어 봅시다

- 갈 때가 되었어요.
- 천천히 가세요.

- 멀리 나가지 않습니다.
- 나오지 마세요.

- 저를 집에 데려다 주실래요?
- 너무 늦었어요. 제가 집까지 데려다 드릴게요.

▷ Wǒ gāi zǒu le.
▷ Qǐng màn zǒu.

▷ Bú sòng nǐ le.
▷ Qǐng liúbù.

▷ Sòng wǒ huíjiā, hǎo ma?
▷ Tài wǎn le, wǒ sòng nǐ huíjiā.

① 我该走了。　② 请慢走。　③ 不送你了。
④ 请留步。　⑤ 送我回家，好吗?　⑥ 太晚了，我送你回家。

STEP 03

문장 큰 소리로 문장을 읽어 봅시다

- 성씨가 어떻게 되세요?
- 저는 차오씨입니다.

- 말씀 좀 묻겠습니다. 존함이 어떻게 되세요?
- 저는 왕밍입니다.

- 명함을 주시겠어요?
- 이것이 제 명함입니다.

▷ Nín guì xìng?

▷ Miǎn guì xìng Cáo.

▷ Qǐng wèn, zūnxìngdàmíng?

▷ Wǒ jiào Wáng Míng.

▷ Qǐng gěi wǒ nín de míngpiàn, hǎo ma?

▷ Zhè shì wǒ de míngpiàn.

① 您贵姓? ② 免贵姓曹。 ③ 请问, 尊姓大名?
④ 我叫王明。 ⑤ 请给我您的名片, 好吗? ⑥ 这是我的名片。

STEP 04 문장 큰 소리로 문장을 읽어 봅시다

- 매운 거 괜찮으세요?
- 저는 매운 거 좋아해요.

- 저는 신 것을 좋아해요, 당신은요?
- 저는 단 것을 좋아해요.

- 광둥요리는 어때요?
- 광둥요리는 담백해요.

▷ Là de méi wèntí ma?
▷ Wǒ hěn xǐhuan là de.

▷ Wǒ xǐhuan suān de, nǐ ne?
▷ Wǒ hěn xǐhuan tián de.

▷ Guǎngdōngcài zěnmeyàng?
▷ Guǎngdōngcài hěn qīngdàn.

① 辣的没问题吗?   ② 我很喜欢辣的。   ③ 我喜欢酸的, 你呢?
④ 我很喜欢甜的。   ⑤ 广东菜怎么样?   ⑥ 广东菜很清淡。

STEP 05

문장 큰 소리로 문장을 읽어 봅시다

- 좀 더 드세요.
- 드세요.

- 우리 5년 동안 못 봤죠?
- 오랫동안 만나지 못했어요.

- 요새 잘 지내요?
- 그런대로 괜찮아요.

▷ Duō chī yìdiǎnr.

▷ Qǐng yòng.

▷ Wǒmen wǔ nián méi jiàn le ba?

▷ Hǎo cháng shíjiān méi jiàn le.

▷ Zuìjìn guò de hǎo ma?

▷ Hái kěyǐ.

① 多吃一点儿。　② 请用。　③ 我们五年没见了吧?
④ 好长时间没见了。　⑤ 最近过得好吗?　⑥ 还可以。

STEP 06

발음 어려운 발음을 차근차근 연습해 봅시다

TIP 1
4성+4성

4성 발음이 연달아 나오면 뒷글자의 4성 역시 짧고 강하게 발음해야 합니다. 예를 들어 헤어질 때 하는 인사인 'zàijiàn'을 발음할 때 'jiàn' 음을 길게 끄는 경우가 있는데, 두 발음 모두 짧고 강하게 발음해야 합니다.

예시

电视 diànshì TV

电话 diànhuà 전화

睡觉 shuìjiào 자다

现在 xiànzài 현재

再见 zàijiàn 또 만나요, 안녕

饭店 fàndiàn 호텔

DAY 20

주간 연습 및 복습

▼ ▼ ▼ ▼
학습목표
─────────────────────
그동안 배웠던 표현을 활용하여 다양한 문장을 만들어 봅니다.

STEP 01 단어 큰 소리로 단어를 읽어 봅시다

- 곧·머지않아 yíhuìr
- 묻다 wèn
- 핸드폰 번호 shǒujī hàomǎ
- 알려 주다·말하다 gàosu
- 병 píng
- 오렌지주스 chéngzhī
- 들어오다 jìnlái
- ~하게 하다 ràng
- 숙제 zuòyè
- 놀다 wánr

- 가지다·지니다 dài
- 건네주다·보내다 fā
- 잔 bēi
- 매우·특별히 tèbié

STEP 02 문장 큰 소리로 문장을 읽어 봅시다

- 저는 집에 가고 싶어요.
- 가려면 이따가 같이 가요.

- 그녀의 핸드폰 번호를 물어본 적이 있나요?
- 그녀는 그녀의 핸드폰 번호를 알려 주고 싶지 않대요.

- 콜라 몇 병을 원해요?
- 콜라 필요 없고, 오렌지주스를 원해요.

▷ Wǒ xiǎng huíjiā.
▷ Xiǎng zǒu yíhuìr yìqǐ zǒu ba.

▷ Nǐ wènguo tā de shǒujī hàomǎ ma?
▷ Tā bù xiǎng gàosu nǐ tā de shǒujī hàomǎ.

▷ Nǐ yào jǐ píng kělè?
▷ Wǒ bú yào kělè, yào chéngzhī.

① 我想回家。　② 想走一会儿一起走吧。　③ 你问过她的手机号码吗?
④ 她不想告诉你她的手机号码。⑤ 你要几瓶可乐?　⑥ 我不要可乐, 要橙汁。

STEP 03 문장 큰 소리로 문장을 읽어 봅시다

○ 중국요리 할 줄 알아요?
○ 저는 중국요리 하나 할 줄 알아요.

○ 제게 줄 수 있어요?
○ 당신에게 두 개 줄 수 있어요.

○ 오빠가 여기 올 수 있어요?
○ 올 수 있죠, 왜 못 와요!

▷ Nǐ huì zuò zhōngguócài ma?
▷ Wǒ huì zuò yí ge zhōngguócài.

▷ Néng bu néng gěi wǒ?
▷ Néng gěi nǐ liǎng ge.

▷ Gēge néng lái zhèr ma?
▷ Néng, wèishénme bù néng!

① 你会做中国菜吗?   ② 我会做一个中国菜。   ③ 能不能给我?
④ 能给你两个。   ⑤ 哥哥能来这儿吗?   ⑥ 能, 为什么不能!

STEP 04 문장 큰 소리로 문장을 읽어 봅시다

- 들어와서 보세요.
- 무엇을 보여 주시려고요?

- 엄마, 저 숙제 다 했어요.
- 그럼 나가서 놀렴.

- 지난주에 어디를 갔나요?
- 상하이로 출장을 갔어요.

▷ Nǐ jìnlái kànkan.
▷ Nǐ ràng wǒ kàn shénme?

▷ Māma, wǒ zuò wán zuòyè le.
▷ Nà nǐ chūqù wánr ba.

▷ Shàng xīngqī nǐ qù nǎr le?
▷ Wǒ qù Shànghǎi chūchāi le.

① 你进来看看。
② 你让我看什么?
③ 妈妈, 我做完作业了。
④ 那你出去玩儿吧。
⑤ 上星期你去哪儿了?
⑥ 我去上海出差了。

STEP 05

문장 큰 소리로 문장을 읽어 봅시다

○ 제가 명함을 가지고 있지 않아요, 죄송합니다.

○ 제 명함을 모두 건넸어요.

○ 우리 한잔 하는 거 어때요?

○ 좋죠, 우리 건배해요.

○ 요새 어때요, 바빠요?

○ 그렇게 바쁘진 않아요.

▷ Wǒ méi dài míngpiàn, duìbuqǐ.

▷ Wǒ de míngpiàn fā wán le.

▷ Wǒmen gān yi bēi zěnmeyàng?

▷ Hǎo, wǒmen gānbēi.

▷ Zuìjìn zěnmeyàng, máng bu máng?

▷ Bú shì tèbié máng.

① 我没带名片, 对不起。　② 我的名片发完了。　③ 我们干一杯怎么样?
④ 好, 我们干杯。　⑤ 最近怎么样, 忙不忙?　⑥ 不是特别忙。

STEP 06

발음 어려운 발음을 차근차근 연습해 봅시다

TIP 1

4성+경성

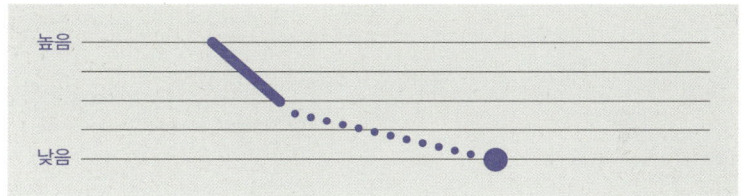

4성과 경성은 중국어 발음에서 가장 짧은 음의 결합인데, 4성이 높으니 뒤에 나오는 경성은 음을 낮추고 가볍게 발음해 봅시다.

예시

爸爸 bàba 아빠

弟弟 dìdi 남동생

妹妹 mèimei 여동생

漂亮 piàoliang 아름답다, 예쁘다

谢谢 xièxie 고맙습니다

认识 rènshi 알다, 인식하다

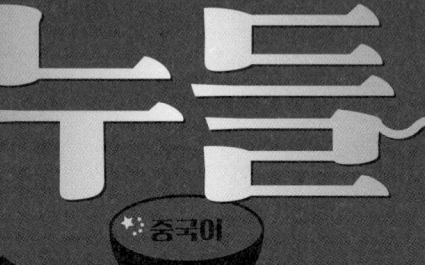

차이나하우스

TEL 02-2636-6271 FAX 0505-300-6271 E-mail whayeo@hanmail.net

홍상욱 프로필

- 수원과학대학교 관광비즈니스과 조교수
- EBS 라디오 〈중국 중국어〉 집필 및 진행
- TBS 〈별난 중국어〉 진행
- YTN RADIO 〈신인류 문화기행, 중국〉 진행
- 저서 『나는 50문장으로 중국출장 간다』, 『나는 50문장으로 중국무역 한다』, 『신속배달 중국어』 등 다수

입이 트이는 중국어 ②

ⓒ EBS, 차이나하우스 2017

2017년 1월 15일 초판 인쇄
2017년 1월 20일 초판 발행

기　획 | 류남이·차공근·이정은
지은이 | 홍상욱
펴낸이 | 안우리
펴낸곳 | 차이나하우스

편　집 | 신효정
디자인 | 이주현·강명희
등　록 | 제 303-2006-00026호
주　소 | 서울시 영등포구 영등포동 8가 56-2
전　화 | 02-2636-6271　**팩　스** | 0505-300-6271
이메일 | whayeo@hanmail.net
ISBN | 979-11-85882-30-7 13720

값: 8,300원

이 책은 저작권법에 따라 보호받는 저작물이므로 무단전재와 무단복제를 금지하며 이 책의 내용물 전부 또는 일부를 이용하려면 반드시 저작권자인 EBS와 차이나하우스의 서면 동의를 받아야 합니다. 잘못 만들어진 책은 구입한 곳에서 바꿔드립니다.